Babette Ulmer

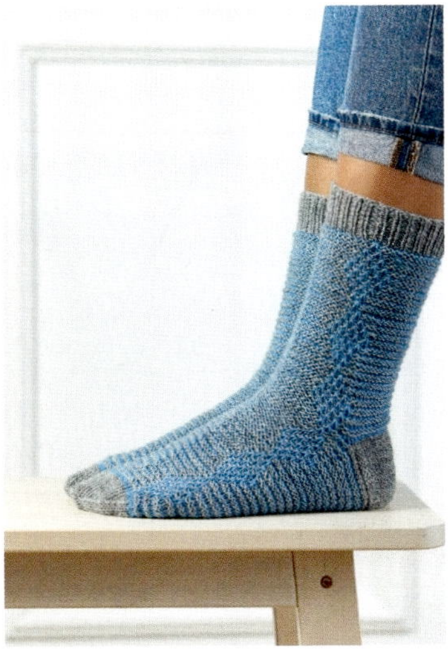

AF637475

Socken mit Hebemaschen

Tolle Muster einfach stricken

CV

LIEBE STRICKERINNEN,

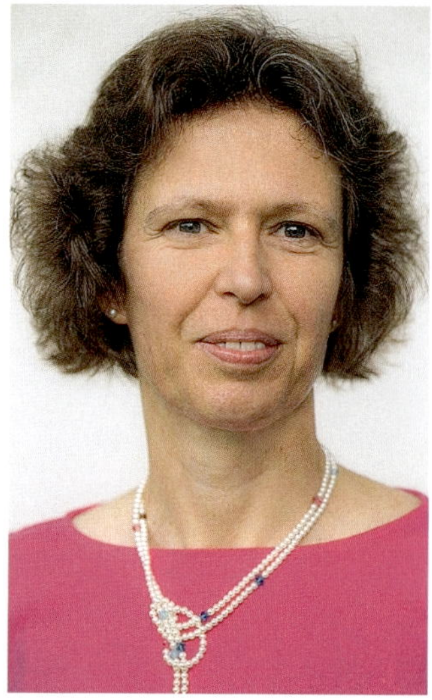

Socken selberstricken ist ja schon seit geraumer Zeit in Mode. Und wer viel strickt, sucht immer wieder nach neuen Mustervarianten. Da kommen unsere Socken mit Hebemaschenmustern gerade recht. So vielfältig und farbenfroh macht es noch mehr Spaß zu stricken und ganz sicher beim Tragen der neuen Fußschmeichler.

Die Grundanleitung auf den Klappen frischt das Strickwissen auf und erklärt nochmals alle benötigten Spezialtechniken. Und anhand der Sockentabelle können einige Modelle auch in anderen Größen gearbeitet werden.

Farben können nach Belieben ausgetauscht werden, jedoch sollten Sie das gleiche Garn verwenden, damit Ihre Socken genauso aussehen wie auf dem Bild. Alternativ wäre auch ein anderes Garn möglich, dann muss es aber die gleiche Lauflänge haben.

Ich wünsche Ihnen viel Vergnügen!

Babette Ulmer

Schwierigkeitsgrade der Modelle

✶ = einfach

✶ ✶ = mittel

✶ ✶ ✶ = schwierig

INHALT

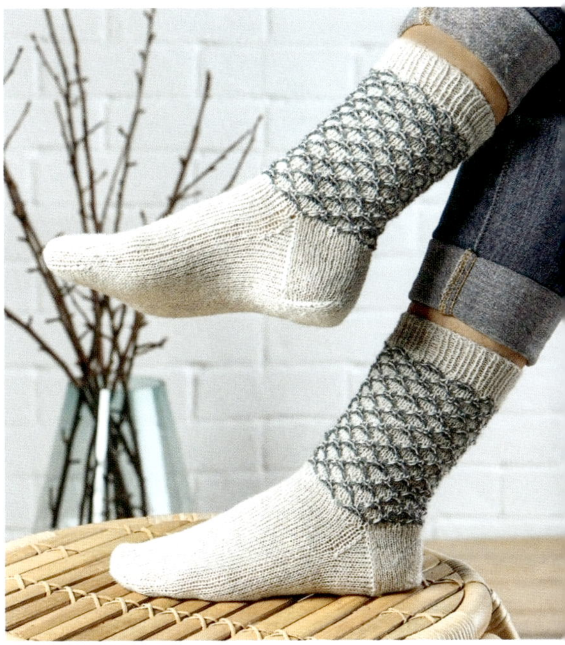

OZEANFARBEN

Socken mit Rollrand ✶✶✶

Größe

38/39; nach Tabelle auch in Größe 36/37 möglich.

Material

- Lang Yarns Jawoll (75 % Schurwolle, 25 % Polyamid, Lauflänge 210 m/50 g): je 50 g Marine (Farbe 0025) und Türkis (Farbe 0279)
- Nadelspiel 2,5 – 3,0 mm

Rippenmuster: 1 Masche rechts, 1 Masche links im Wechsel stricken.

Hebemaschenmuster: Maschenzahl teilbar durch 10. Nach der Strickschrift arbeiten. Beim Stricken in Reihen die geraden Reihen = Rückreihen von links nach rechts ablesen, die Maschen rechts stricken und beim Abheben den Faden vor der Arbeit weiterführen. Den Mustersatz stets wiederholen. Die 1. – 12. Runde/Reihe stets wiederholen.

Glatt rechts: Hinreihen rechts und Rückreihen links stricken; in Runden immer rechts stricken.

Streifenfolge: * 2 Runden Türkis, 2 Runden Marine, ab * stets wiederholen. Beim Farbwechsel die Fäden miteinander verkreuzen, damit keine Löcher entstehen.

Maschenproben: Glatt rechts 30 Maschen und 42 Reihen/Runden = 10 x 10 cm
Hebemaschenmuster 30 Maschen und 71 Runden = 10 x 10 cm

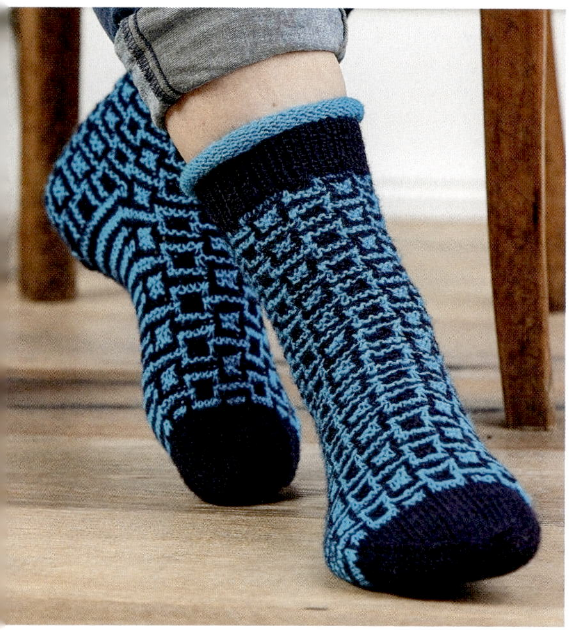

So wird's gemacht

Erste Socke

60 Maschen in Türkis anschlagen, die Maschen gleichmäßig auf die 4 Nadeln verteilen – 15 Maschen pro Nadel – und für den Rollrand 3,5 cm = 14 Runden glatt rechts stricken. Dann 1 Runde in Marine und danach für den Bund 4 cm = 17 Runden im Rippenmuster stricken. Im Hebemaschenmuster in der Streifenfolge weiterarbeiten. Nach 13 cm = 92 Runden ab Bund die Ferse über die Maschen der 1. und 2. Nadel (nicht 1. und 4. Nadel!) nach Tabelle stricken, dabei das Hebemaschenmuster in der Streifenfolge fortsetzen und die Randmasche in Hin- und Rückreihen rechts stricken. Danach den Fuß arbeiten; nun ist der Rundenbeginn in der Fersenmitte, hier ist nun die 1. und 4. Nadel (bilden die Sohle). Über

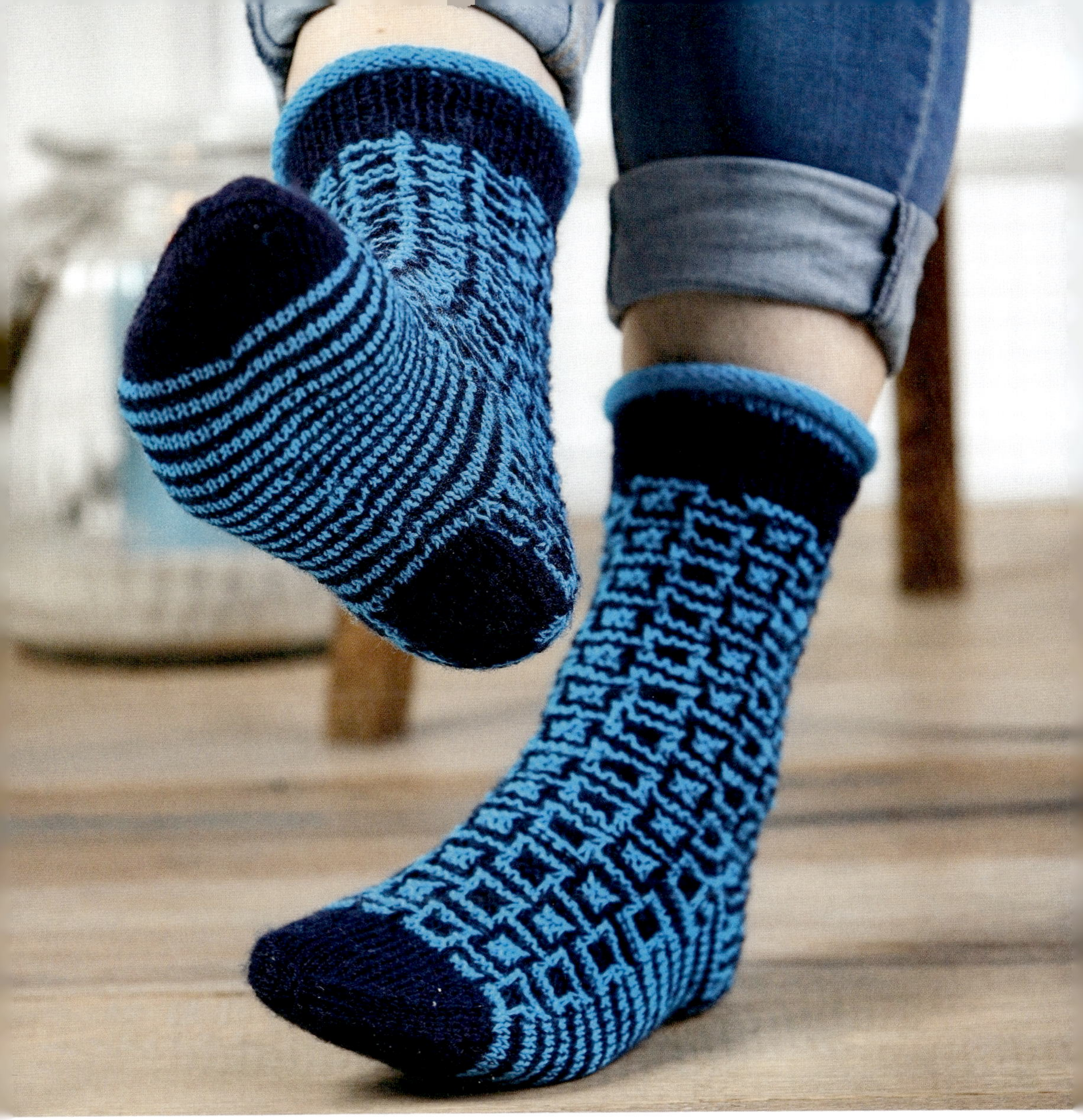

den Maschen der 2. und 3. Nadel das Hebemaschenmuster in der Streifenfolge fortsetzen und über den Maschen der 1. und 4. Nadel glatt rechts in der Streifenfolge das Käppchen in Marine stricken. Dann die Bandspitze nach Tabelle glatt rechts in Marine stricken. Die restlichen Maschen mit dem Faden zusammenziehen.

Zweite Socke

Genauso stricken.

Strickschrift

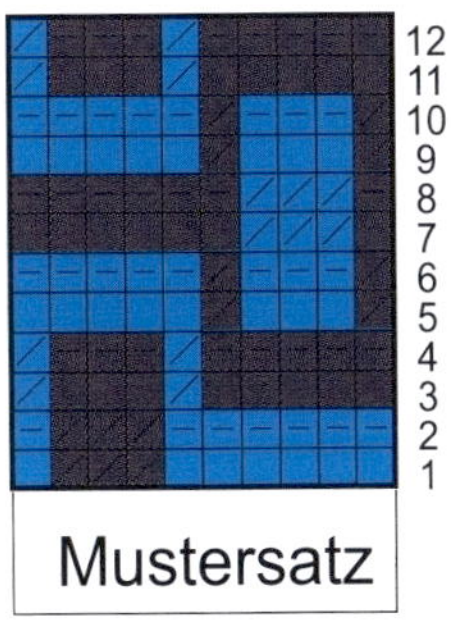

Zeichenerklärung

- ☐ = 1 Masche rechts
- ⊟ = 1 Masche links
- ⧄ = 1 Masche wie zum Linksstricken abheben (Faden hinter der Arbeit)

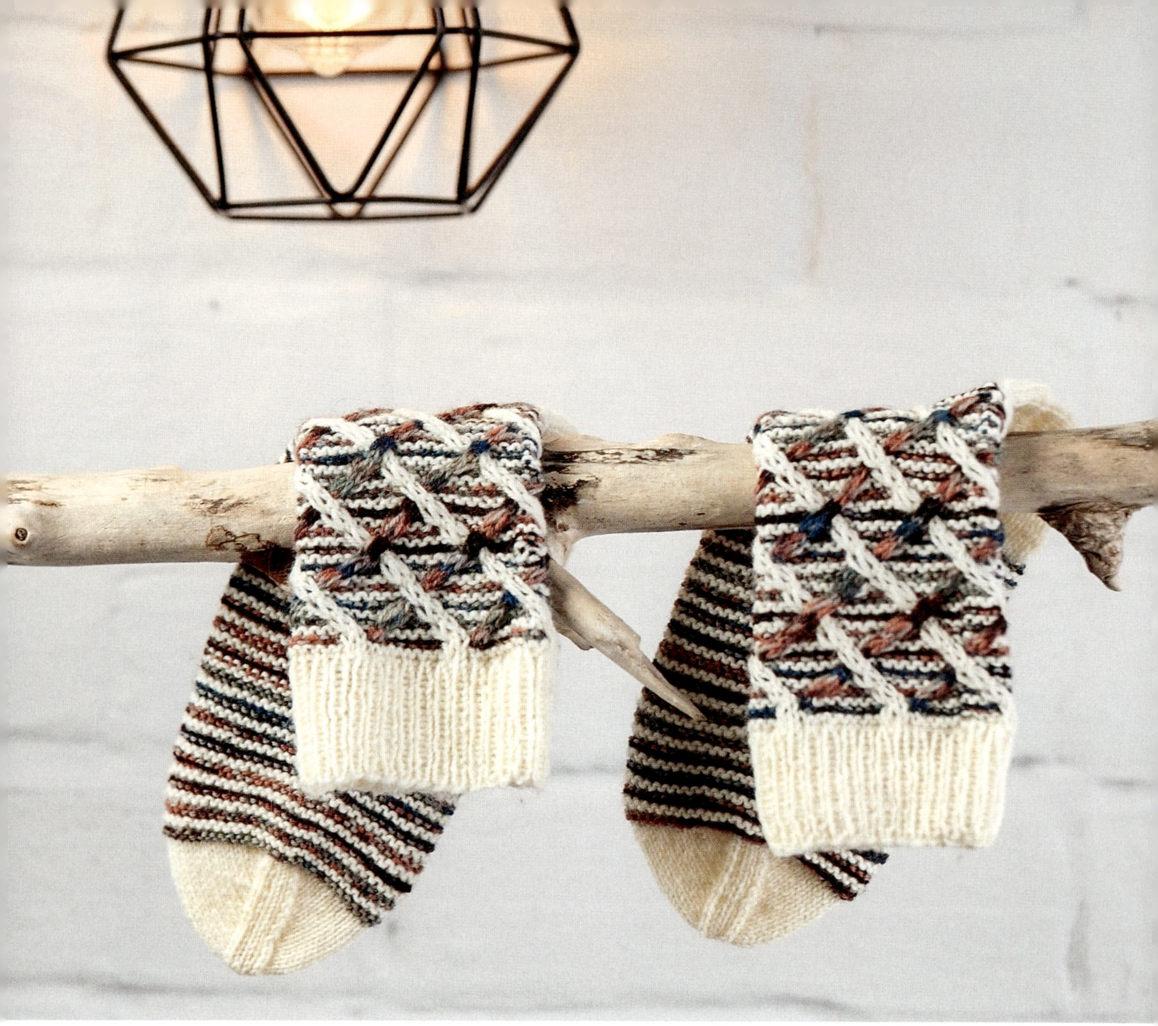

Zeichenerklärung

□ = 1 Masche rechts

⊟ = 1 Masche links

⧄ = 1 Masche wie zum Linksstricken abheben (Faden hinter der Arbeit)

[2 | 1] = 2 Maschen auf eine Hilfsnadel vor die Arbeit legen, 1 Masche rechts stricken, dann die Maschen der Hilfsnadel rechts stricken

[1 | 2] = 1 Masche auf eine Hilfsnadel hinter die Arbeit legen, 2 Maschen rechts stricken, dann die Masche der Hilfsnadel rechts stricken

[⧄⧄ | 1] = 2 Maschen auf eine Hilfsnadel vor die Arbeit legen, 1 Masche rechts stricken, dann die Maschen der Hilfsnadel wie zum Linksstricken abheben (Faden hinter der Arbeit)

[1 | ⧄⧄] = 1 Masche auf eine Hilfsnadel hinter die Arbeit legen, 2 Maschen wie zum Linksstricken abheben (Faden hinter der Arbeit), dann die Masche der Hilfsnadel rechts stricken

[⧄⧄ | 2] = 2 Maschen auf eine Hilfsnadel vor die Arbeit legen, 2 Maschen rechts stricken, dann die Maschen der Hilfsnadel wie zum Linksstricken abheben (Faden hinter der Arbeit)

[2 | ⧄⧄] = 2 Maschen auf eine Hilfsnadel hinter die Arbeit legen, 2 Maschen wie zum Linksstricken abheben (Faden hinter der Arbeit), dann die Maschen der Hilfsnadel rechts stricken

RINGELLINIEN

Socken mit Bund und Spitze in Weiß ✶✶✶

Größe

36/37 und 38/39

Material

- Buttinette Woll Butt Strümpfli (75 % Schurwolle, 25 % Polyamid, Lauflänge 420 m/100 g): 100 g Koralle (Farbe 12969) und Woll Butt Söckli (75 % Schurwolle, 25 % Polyamid, Lauflänge 210 m/50 g): 100 g Natur (Farbe 41051)
- Nadelspiel 2,5 – 3,0 mm

Rippenmuster: 1 Masche rechts, 1 Masche links im Wechsel stricken.

Hebemaschenmuster: Maschenzahl teilbar durch 12. Nach der Strickschrift arbeiten. Den Mustersatz stets wiederholen. Die 1. – 26. Runde arbeiten, dann die 7. – 26. Runde stets wiederholen. Am Ende der 14. Runde die letzten 2 Maschen ungestrickt auf die linke Nadel heben für die Verzopfung zu Beginn der 15. Runde; am Ende der 15. Runde die letzten 2 Maschen ungestrickt wieder auf die linke Nadel zurücklegen.

Strickschrift

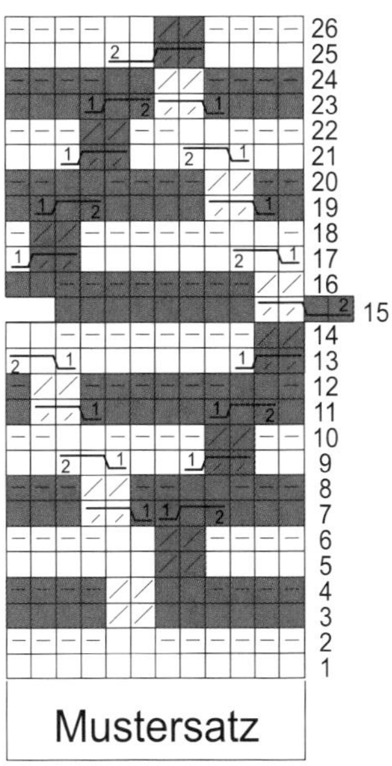

Kraus rechts: In Runden abwechselnd 1 Runde rechts und 1 Runde links stricken, passend zum Hebemaschenmuster.

Glatt rechts: Hinreihen rechts und Rückreihen links stricken; in Runden immer rechts stricken.

Streifenfolge: * 2 Runden Natur, 2 Runden Koralle, ab * stets wiederholen. Beim Farbwechsel die Fäden miteinander verkreuzen, damit keine Löcher entstehen.

Maschenproben: Glatt rechts 30 Maschen und 42 Reihen/Runden = 10 x 10 cm

Hebemaschenmuster 33 Maschen und 69 Runden = 10 x 10 cm

So wird's gemacht

72 Maschen in Natur anschlagen, die Maschen gleichmäßig auf die 4 Nadeln verteilen – 15 Maschen pro Nadel – und für den Bund 4 cm = 16 Runden im Rippenmuster stricken. Dann im Hebemaschenmuster in der Streifenfolge weiterarbeiten. Nach 11 cm = in der 76. Runde ab Bund gleichmäßig verteilt 12 Maschen abnehmen = 60 Maschen. Dann die Ferse nach Tabelle glatt rechts in Natur stricken. Danach den Fuß kraus rechts in der Streifenfolge und die Bandspitze glatt rechts in Natur nach Tabelle stricken. Die restlichen Maschen mit dem Faden zusammenziehen.

RALLYESTREIFEN

Socken mit durchlaufendem Muster ✶ ✶ ☆

Größe

40/41 und 42/43

Material

- Buttinette Woll Butt Söckli (75 % Schurwolle, 25 % Polyamid, Lauflänge 210 m/50 g): je 50 g Rot (Farbe 23068) und Schwarz (Farbe 41050)
- Nadelspiel 2,5 – 3,0 mm

Rippenmuster: 1 Masche rechts, 1 Masche links im Wechsel stricken.

Hebemaschenmuster A über 13 Maschen: Nach Strickschrift A arbeiten. Beim Stricken in Reihen in den Rückreihen = gerade Reihen die Zeilen von links nach rechts lesen und darauf achten, dass die Maschen gezeichnet sind, wie sie auf der Vorderseite erscheinen, und beim Abheben den Faden vor der Arbeit weiterführen. Die 1. – 16. Runde/Reihe stets wiederholen.

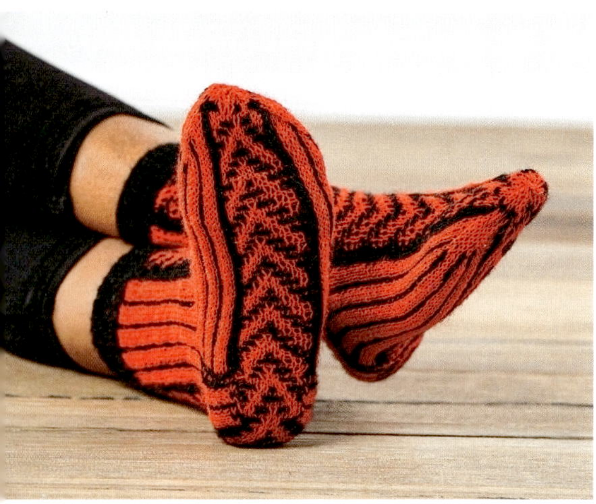

Hebemaschenmuster B: Maschenzahl teilbar durch 4 + 3 Maschen. Nach Strickschrift B arbeiten. Den Mustersatz von 4 Maschen stets wiederholen und mit den 3 Maschen nach dem Mustersatz enden. Beim Stricken in Reihen in den Rückreihen = gerade Reihen die Zeilen von links nach rechts lesen und darauf achten, dass die Maschen gezeichnet sind, wie sie auf der Vorderseite erscheinen, und beim Abheben den Faden vor der Arbeit weiterführen. Die 1. – 4. Runde/Reihe stets wiederholen.

Glatt rechts: Hinreihen rechts und Rückreihen links stricken; in Runden immer rechts stricken.

Streifenfolge: * 2 Runden Rot, 2 Runden Schwarz, ab * stets wiederholen. Beim Farbwechsel die Fäden miteinander verkreuzen, damit keine Löcher entstehen.

Maschenproben: Glatt rechts 30 Maschen und 42 Reihen/Runden = 10 x 10 cm
Hebemaschenmuster A und B 34 Maschen und 66 Runden/Reihen = 10 x 10 cm

So wird's gemacht

Erste Socke

64 Maschen in Schwarz anschlagen, die Maschen gleichmäßig auf die 4 Nadeln verteilen – 16 Maschen pro Nadel und für den Bund 4 cm = 16 Runden im Rippenmuster stricken. Danach 1 Runde rechts stricken. Dann in der Streifenfolge weiterarbeiten und Maschen wie folgt einteilen: 7 Maschen Hebemaschenmuster A (die letzten 7 Maschen der Strickschrift ab Pfeil a), 19 Maschen Hebemaschenmuster B, 13 Maschen Hebema-

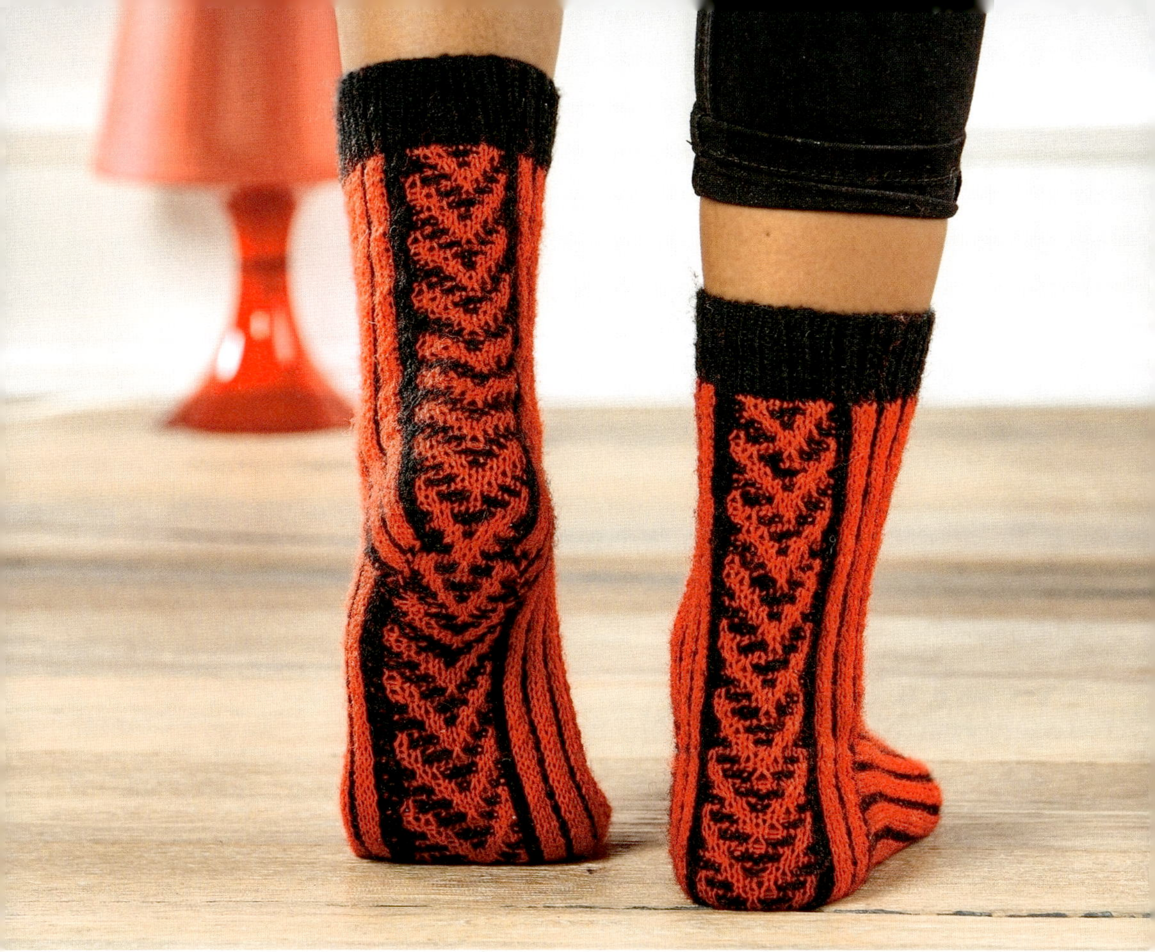

schenmuster A, 19 Maschen Hebemaschenmuster B, 6 Maschen Hebemaschenmuster A (die ersten 6 Maschen der Strickschrift bis Pfeil a). Nach 14,5 cm = 96 Runden ab Mascheneinteilung die Ferse, den Fuß und die Bandspitze nach Tabelle stricken, dabei die Mascheneinteilung in der Streifenfolge fortsetzen. Die restlichen Maschen mit dem Faden zusammenziehen.

Zweite Socke

Genauso stricken.

Strickschrift A und B

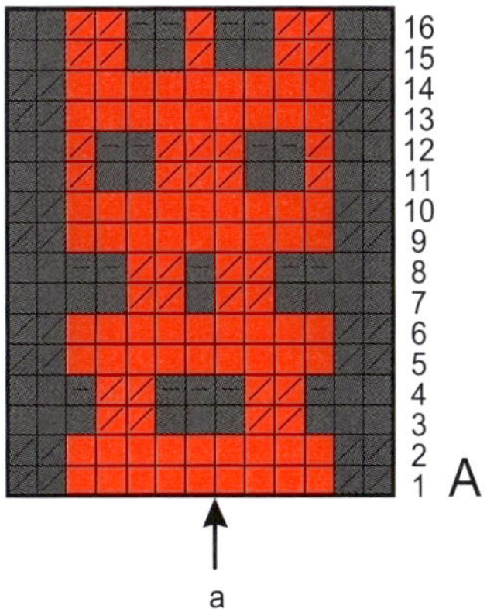

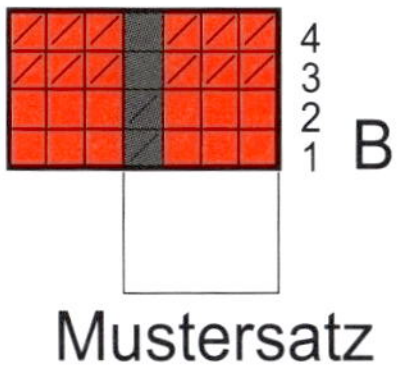

Zeichenerklärung

☐ = 1 Masche rechts

⊟ = 1 Masche links

◪ = 1 Masche wie zum Linksstricken abheben (Faden hinter der Arbeit)

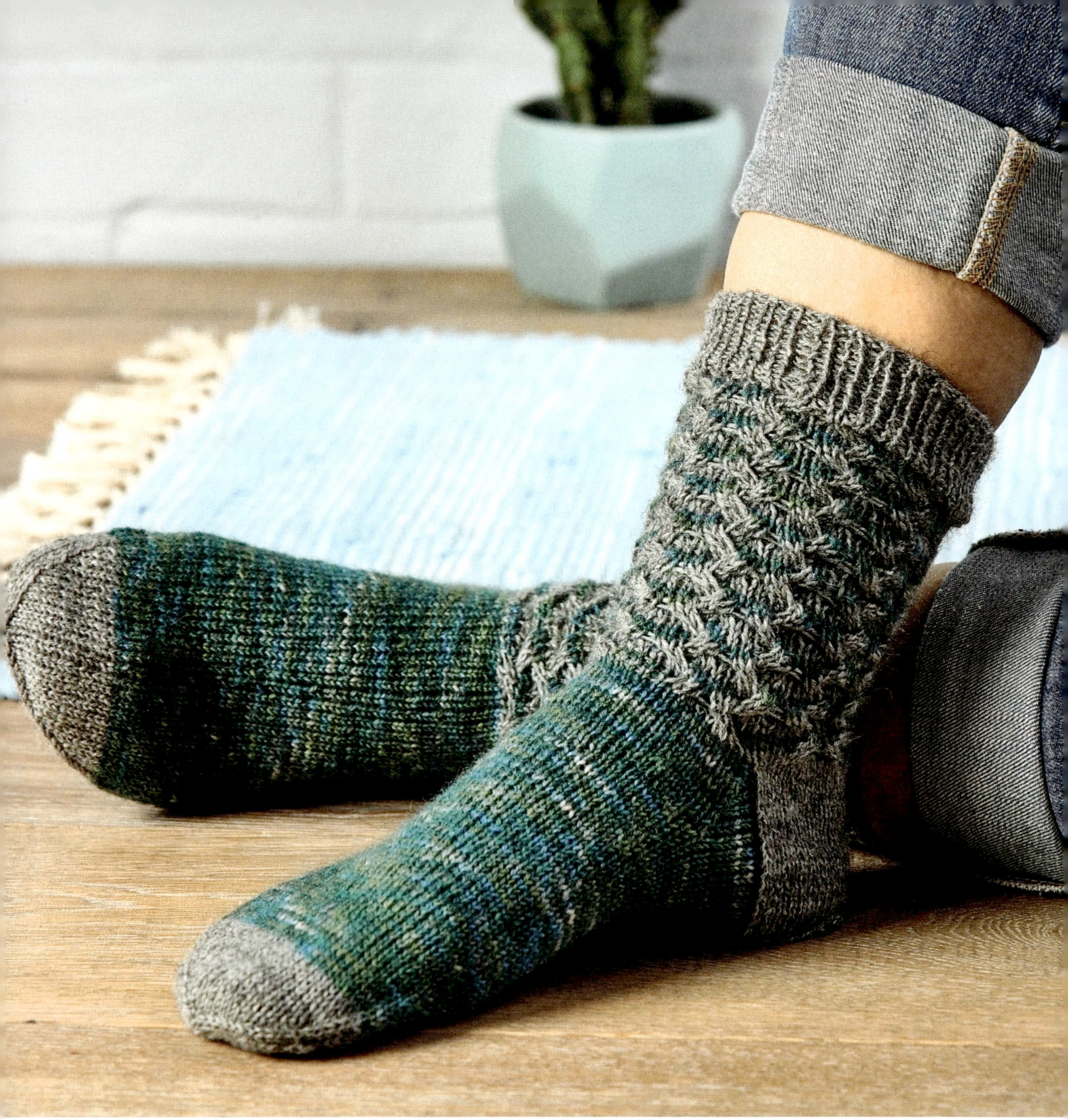

Strickschrift

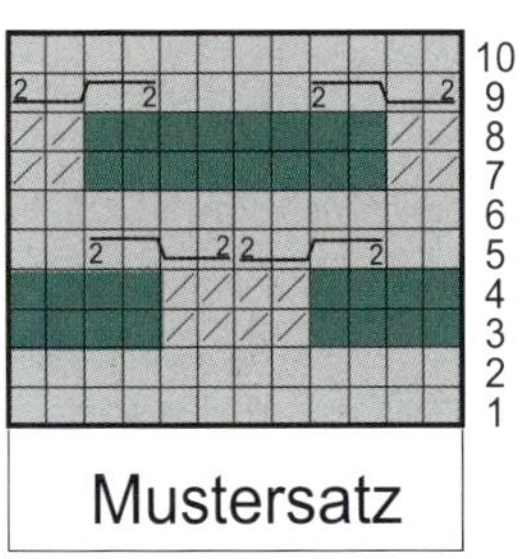

Zeichenerklärung

☐ = 1 Masche rechts

⧄ = 1 Masche wie zum Linksstricken abheben (Faden hinter der Arbeit)

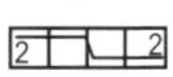 = 2 Maschen auf eine Hilfsnadel vor die Arbeit legen, 2 Maschen rechts stricken, dann die Maschen der Hilfsnadel rechts stricken

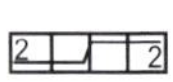 = 2 Maschen auf eine Hilfsnadel hinter die Arbeit legen, 2 Maschen rechts stricken, dann die Maschen der Hilfsnadel rechts stricken

VERFLOCHTEN

Melierte Socken mit grauem Muster ✶ ✶ ☆

Größe

38/39; nach Tabelle auch in Größe 24/25, 26/27, 36/37 und 46/47 möglich

Material

- ONline Linie 3 Supersocke (75 % Schurwolle, 25 % Polyamid, Lauflänge 420 m/100 g): je 100 g Grün Color (Farbe 715) und Hellgrau (Farbe 105)
- Nadelspiel 2,5 – 3,0 mm

Rippenmuster: 1 Masche rechts, 1 Masche links im Wechsel stricken.

Hebemaschenmuster: Maschenzahl teilbar durch 12. Nach der Strickschrift arbeiten. Den Mustersatz stets wiederholen. Die 1. – 10. Runde stricken, dann die 3. – 10. Runde stets wiederholen.

Glatt rechts: Hinreihen rechts und Rückreihen links stricken; in Runden immer rechts stricken.

Streifenfolge: * 2 Runden Hellgrau, 2 Runden Grün Color, ab * stets wiederholen. Beim Farbwechsel die Fäden miteinander verkreuzen, damit keine Löcher entstehen.

Maschenproben: Glatt rechts 30 Maschen und 42 Reihen/Runden = 10 x 10 cm
Hebemaschenmuster 30 Maschen und 48,5 Runden = 10 x 10 cm

So wird's gemacht

Erste Socke

60 Maschen in Hellgrau anschlagen, die Maschen gleichmäßig auf die 4 Nadeln verteilen – 15 Maschen pro Nadel – und für den Bund 4 cm = 16 Runden im Rippenmuster stricken. Dann im Hebemaschenmuster in der Streifenfolge weiterarbeiten. Nach 14 cm = 68 Runden ab Bund die Ferse nach Tabelle in Hellgrau stricken. Danach den Fuß glatt rechts in Grün Color arbeiten. Dann die Bandspitze nach Tabelle glatt rechts in Hellgrau stricken. Die restlichen Maschen mit dem Faden zusammenziehen.

Zweite Socke

Genauso stricken.

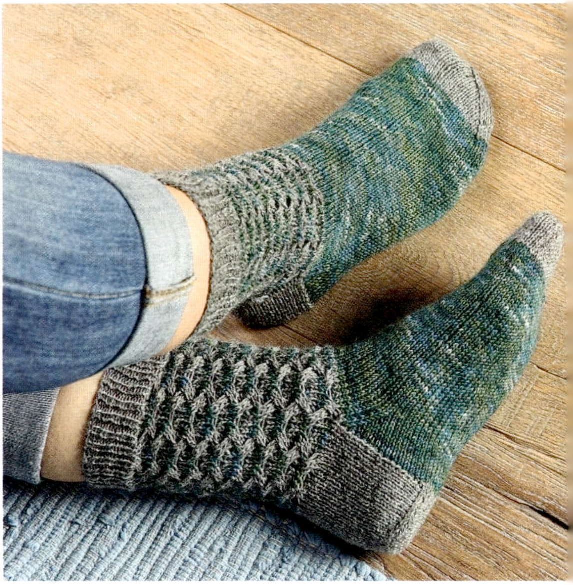

DOPPELROLLE

Socken mit doppeltem Rollrand ✶ ✶ ☆

Größe

Größe 38/39; nach Tabelle auch in Größe 24/25, 26/27, 36/37 und 46/47 möglich.

Material

- Junghans-Wolle Freizeit 4-fädig (75 % Schurwolle, 25 % Polyamid, Lauflänge 420 m/50 g): je 100 g Pink (Farbe 106-899-05) und Hellgrau (Farbe 269-613-05)
- Nadelspiel 2,5 – 3,0 mm

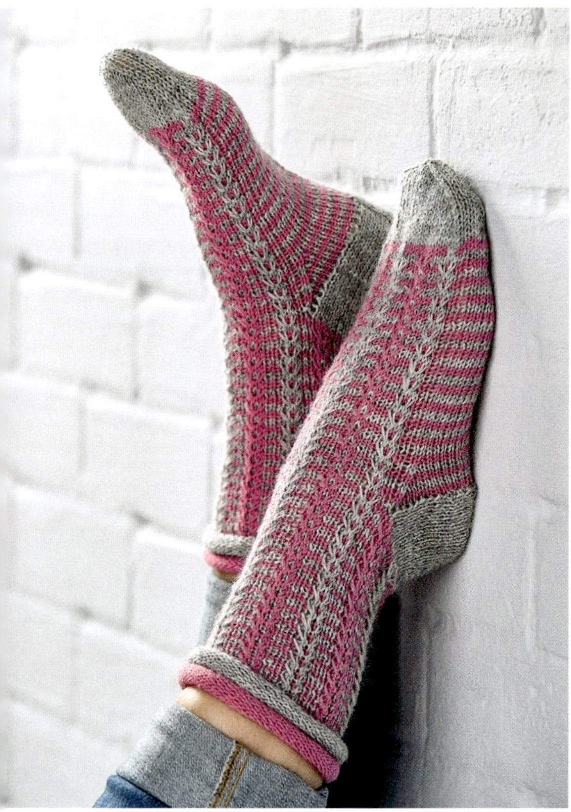

Hebemaschenmuster: Maschenzahl teilbar durch 12. Nach der Strickschrift arbeiten. Den Mustersatz stets wiederholen. Die 1. – 8. Runde stricken, dann die 5. – 8. Runde stets wiederholen.

Glatt rechts: Hinreihen rechts und Rückreihen links stricken; in Runden immer rechts stricken.

Streifenfolge: * 2 Runden Hellgrau, 2 Runden Pink, ab * stets wiederholen. Beim Farbwechsel die Fäden miteinander verkreuzen, damit keine Löcher entstehen.

Maschenproben: Glatt rechts 30 Maschen und 42 Reihen/Runden = 10 x 10 cm
Hebemaschenmuster 30 Maschen und 47 Runden = 10 x 10 cm

So wird's gemacht

Erste Socke

Für den ersten Rollrand 60 Maschen in Pink anschlagen, die Maschen gleichmäßig auf die 4 Nadeln verteilen und 22 Runden glatt rechts stricken. Die Maschen stilllegen. Für den zweiten Rollrand 60 Maschen in Hellgrau anschlagen, die Maschen gleichmäßig auf die 4 Nadeln verteilen und 16 Runden glatt rechts stricken. Danach die Maschen des ersten Rollrands hinter die Maschen des zweiten Rollrands legen. In Hellgrau 1 Runde glatt rechts stricken, dabei stets 1 Masche des ersten mit 1 Masche des zweiten Rollrands zusammenstricken. Dann im Hebemaschenmuster in der Streifenfolge weiterarbeiten. Nach 14,5 cm = 68 Runden ab Hebemaschenmusterbeginn die Ferse nach Tabelle in Hellgrau stri-

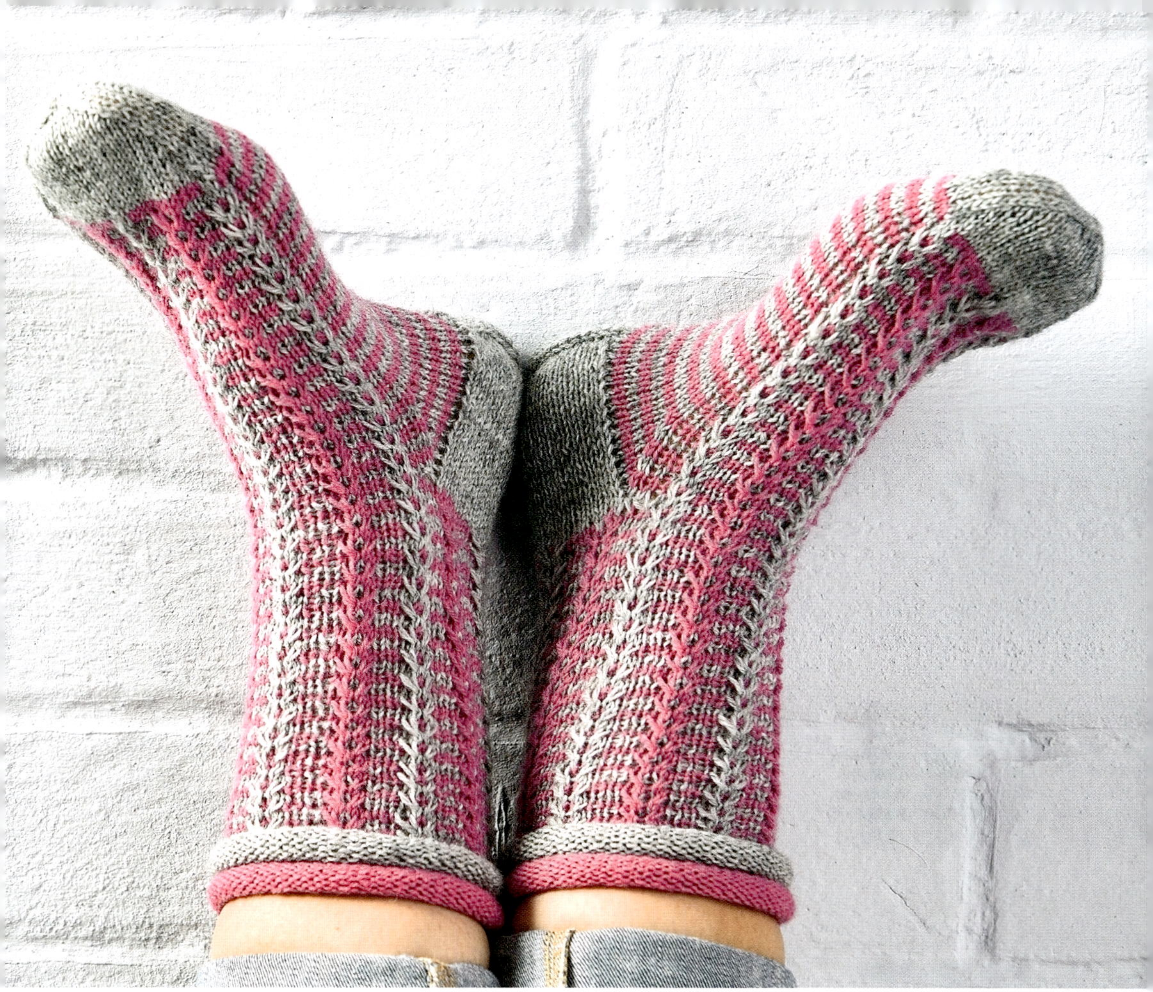

cken. Danach den Fuß in der Streifenfolge arbeiten, dabei über die Maschen der 2. und 3. Nadel das Hebemaschenmuster fortsetzen und über die Maschen der 1. und 4. Nadel glatt rechts stricken. Die Bandspitze nach Tabelle glatt rechts in Hellgrau stricken. Die restlichen Maschen mit dem Faden zusammenziehen.

Zweite Socke

Genauso stricken.

Strickschrift

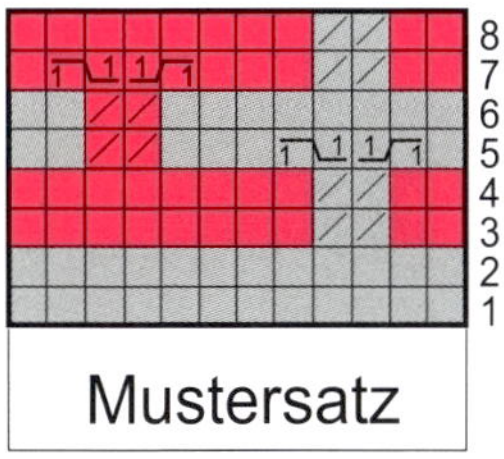

Zeichenerklärung

□ = 1 Masche rechts

⧄ = 1 Masche wie zum Linksstricken abheben (Faden hinter der Arbeit)

= 1 Masche auf eine Hilfsnadel vor die Arbeit legen, 1 Masche rechts stricken, dann die Masche der Hilfsnadel rechts stricken

= 1 Masche auf eine Hilfsnadel hinter die Arbeit legen, 1 Masche rechts stricken, dann die Masche der Hilfsnadel rechts stricken

WEBEFFEKT

Socken mit rot-violettem Muster ★★☆

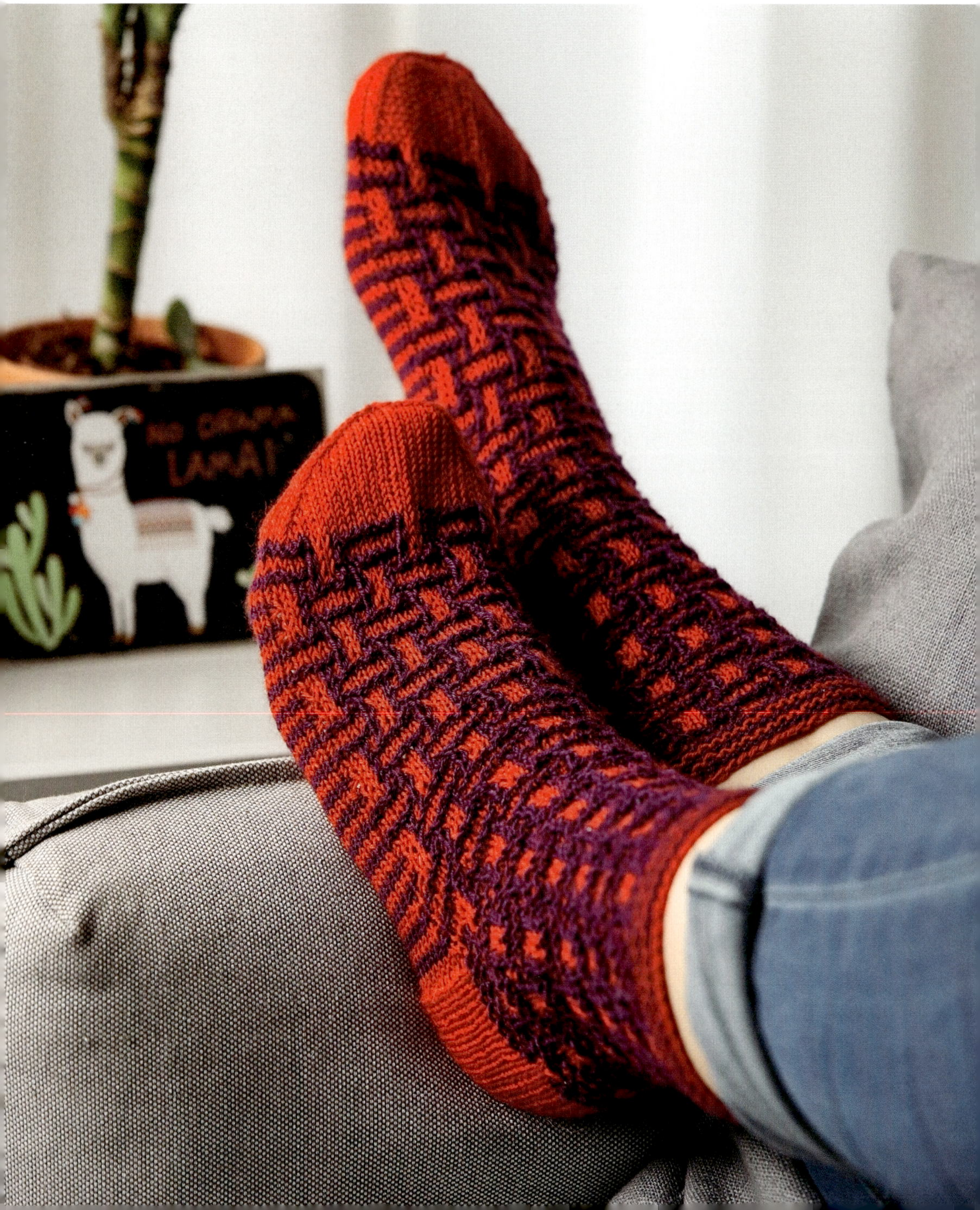

Größe

38/39; nach Tabelle auch in Größe 36/37 möglich.

Material

- Lang Yarns Jawoll (75 % Schurwolle, 25 % Polyamid, Lauflänge 210 m/50 g): je 50 g Violett (Farbe 0280) und Rot (Farbe 0060)
- Nadelspiel 2,5 – 3,0 mm

Kraus rechts: 1 Runde rechts, 1 Runde links im Wechsel stricken.

Hebemaschenmuster: Maschenzahl teilbar durch 10. Nach der Strickschrift arbeiten. Den Mustersatz stets wiederholen. Die 1. – 18. Runde stricken, dann die 3. – 18. Runde stets wiederholen.

Glatt rechts: Hinreihen rechts und Rückreihen links stricken; in Runden immer rechts stricken.

Streifenfolge: * 2 Runden Violett, 2 Runden Rot, ab * stets wiederholen. Beim Farbwechsel die Fäden miteinander verkreuzen, damit keine Löcher entstehen.

Maschenproben: Glatt rechts 30 Maschen und 42 Reihen/Runden = 10 x 10 cm

Hebemaschenmuster 30 Maschen und 55,5 Runden = 10 x 10 cm

So wird's gemacht

Erste Socke

60 Maschen in Rot anschlagen, die Maschen gleichmäßig auf die 4 Nadeln verteilen – 15 Maschen pro Nadel – und für den Bund 10 Runden kraus rechts stricken, dabei gleich mit der Streifenfolge beginnen. Dann im Hebemaschenmuster weiterarbeiten und die Streifenfolge fortsetzen. Nach 18 cm = 100 Runden ab Bund die Ferse nach Tabelle glatt rechts in Rot stricken.

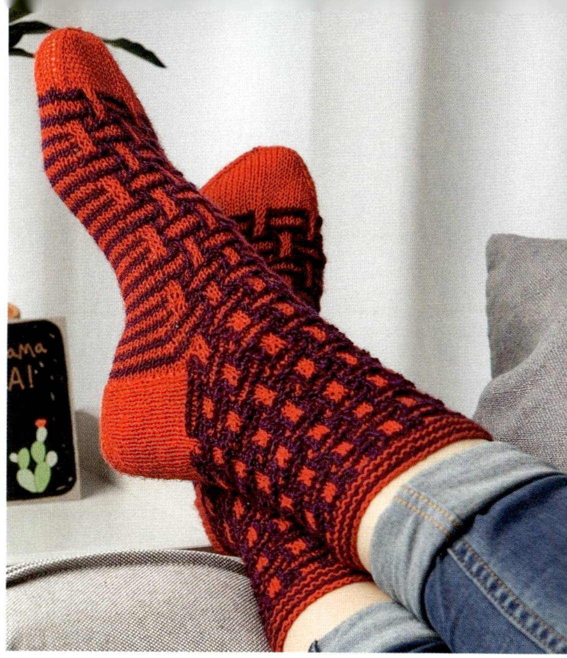

Danach den Fuß nach Tabelle arbeiten, dabei über die Maschen der 1. und 4. Nadel glatt rechts stricken und über die Maschen der 2. und 3. Nadel das Hebemaschenmuster und die Streifenfolge fortsetzen. Die Bandspitze nach Tabelle glatt rechts in Rot stricken. Die restlichen Maschen mit dem Faden zusammenziehen.

Zweite Socke

Genauso stricken.

Strickschrift

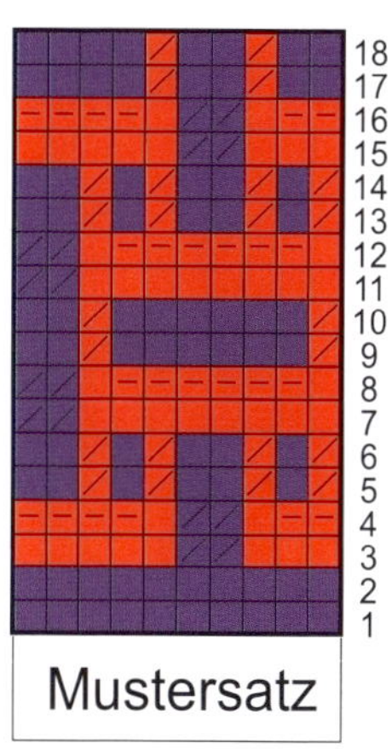

Zeichenerklärung

☐ = 1 Masche rechts

⊟ = 1 Masche links

⧄ = 1 Masche wie zum Linksstricken abheben (Faden hinter der Arbeit)

DURCHBLICK

Socken mit obenauf liegendem Zopfmuster ✶✶✶

Größe

40/41; nach Tabelle auch in Größe 24/25, 26/27, 32/33, 34/35 und 42/43 möglich.

Material

- Buttinette Woll Butt Söckli (75 % Schurwolle, 25 % Polyamid, Lauflänge 210 m/50 g): 50 g Jeans (Farbe 41056) und Woll Butt Söckli Color (75 % Schurwolle, 25 % Polyamid, Lauflänge 210 m/50 g): 50 g Blau (Farbe 23254)
- Nadelspiel 2,5 – 3,0 mm

Rippenmuster: 2 Masche rechts, 2 Masche links im Wechsel stricken.

Hebemaschenmuster A: Maschenzahl teilbar durch 4. Nach der Strickschrift A arbeiten. Den Mustersatz stets wiederholen. Die 1. – 4. Runde stets wiederholen.

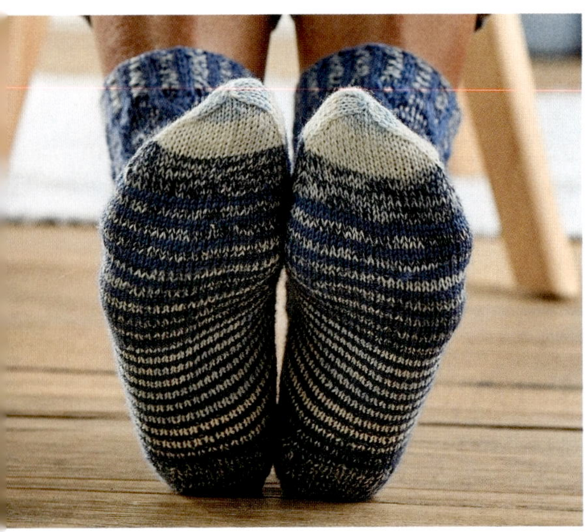

Hebemaschenmuster B: Maschenzahl teilbar durch 8. Nach der Strickschrift B arbeiten. Den Mustersatz stets wiederholen. Die 1. – 48. Runde stets wiederholen.

Glatt rechts: Hinreihen rechts und Rückreihen links stricken; in Runden immer rechts stricken.

Streifenfolge: * 2 Runden Blau, 2 Runden Jeans, ab * stets wiederholen. Beim Farbwechsel die Fäden miteinander verkreuzen, damit keine Löcher entstehen.

Maschenproben: Glatt rechts 30 Maschen und 42 Reihen/Runden = 10 x 10 cm
Hebemaschenmuster 30 Maschen und 48,5 Runden = 10 x 10 cm

So wird's gemacht

Erste Socke

64 Maschen in Jeans anschlagen, die Maschen gleichmäßig auf die 4 Nadeln verteilen und für den Bund 3 cm = 18 Runden im Hebemaschenmuster A in der Streifenfolge stricken. Im Hebemaschenmuster B in der Streifenfolge weiterarbeiten. Nach 14 cm = 68 Runden ab Bund die Ferse in Blau stricken. Den Fuß in der Streifenfolge arbeiten, dabei über den Maschen der 2. und 3. Nadel das Hebemaschenmuster B fortsetzen und über den Maschen der 1. und 4. Nadel glatt rechts stricken. Dann die Bandspitze nach Tabelle glatt rechts in Blau stricken. Die restlichen Maschen mit dem Faden zusammenziehen.

Zweite Socke

Genauso stricken.

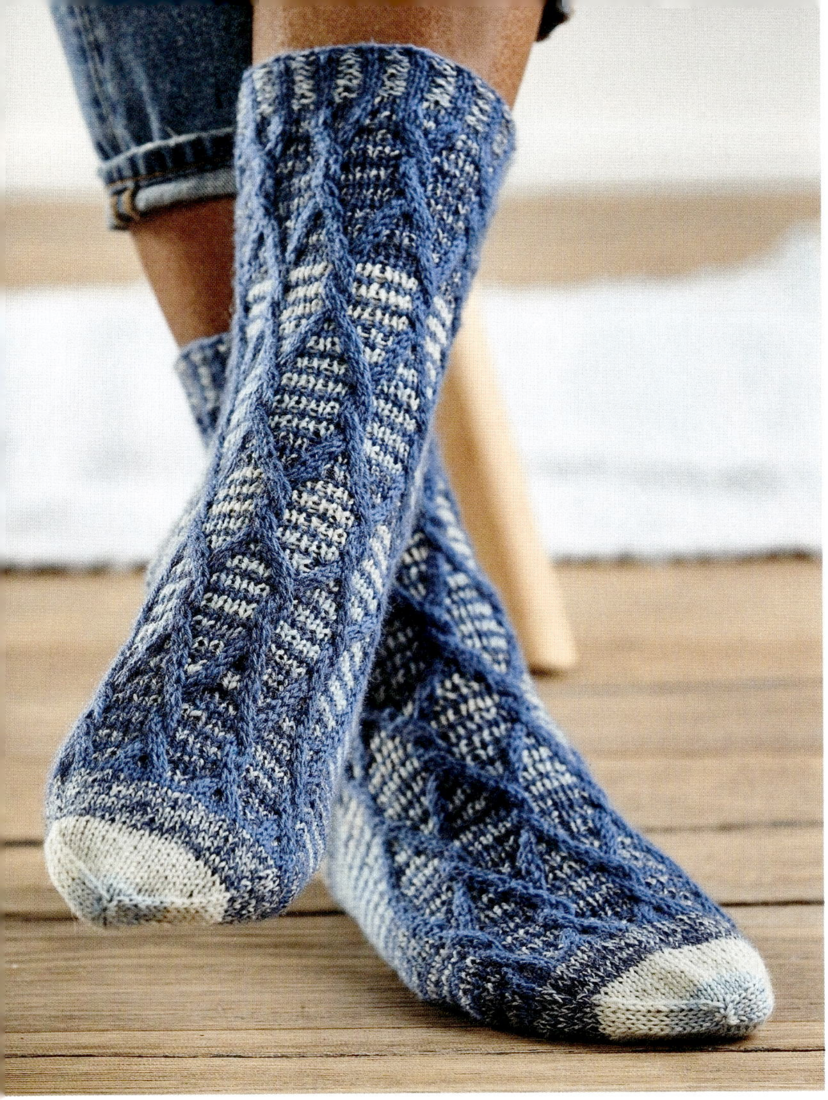

Strickschrift

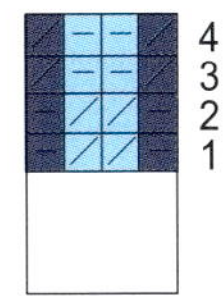

A

Mustersatz

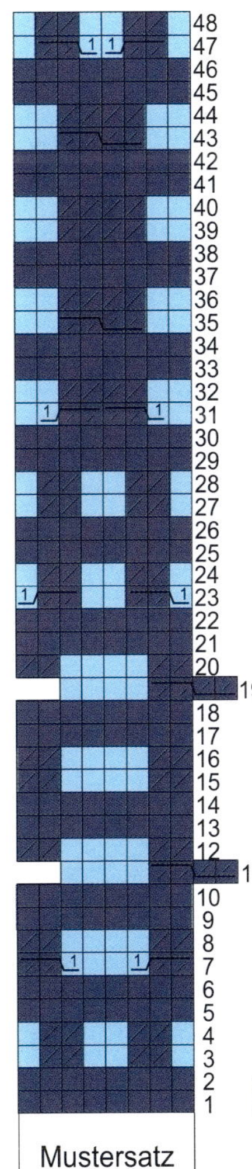

B

Mustersatz

Zeichenerklärung

□ = 1 Masche rechts

⊟ = 1 Masche links

⧄ = 1 Masche wie zum Linksstricken abheben (Faden hinter der Arbeit)

⧄⧄1 = 2 Maschen auf eine Hilfsnadel vor die Arbeit legen, 1 Masche rechts stricken, dann die Maschen der Hilfsnadel wie zum Linksstricken abheben (Faden hinter der Arbeit)

1⧄⧄ = 1 Masche auf eine Hilfsnadel hinter die Arbeit legen, 2 Masche wie zum Linksstricken abheben (Faden hinter der Arbeit), dann die Masche der Hilfsnadel rechts stricken

⧄⧄⧄⧄ = 2 Maschen auf eine Hilfsnadel vor die Arbeit legen, 2 Maschen wie zum Linksstricken abheben (Faden hinter der Arbeit), dann die Maschen der Hilfsnadel wie zum Linksstricken abheben (Faden hinter der Arbeit)

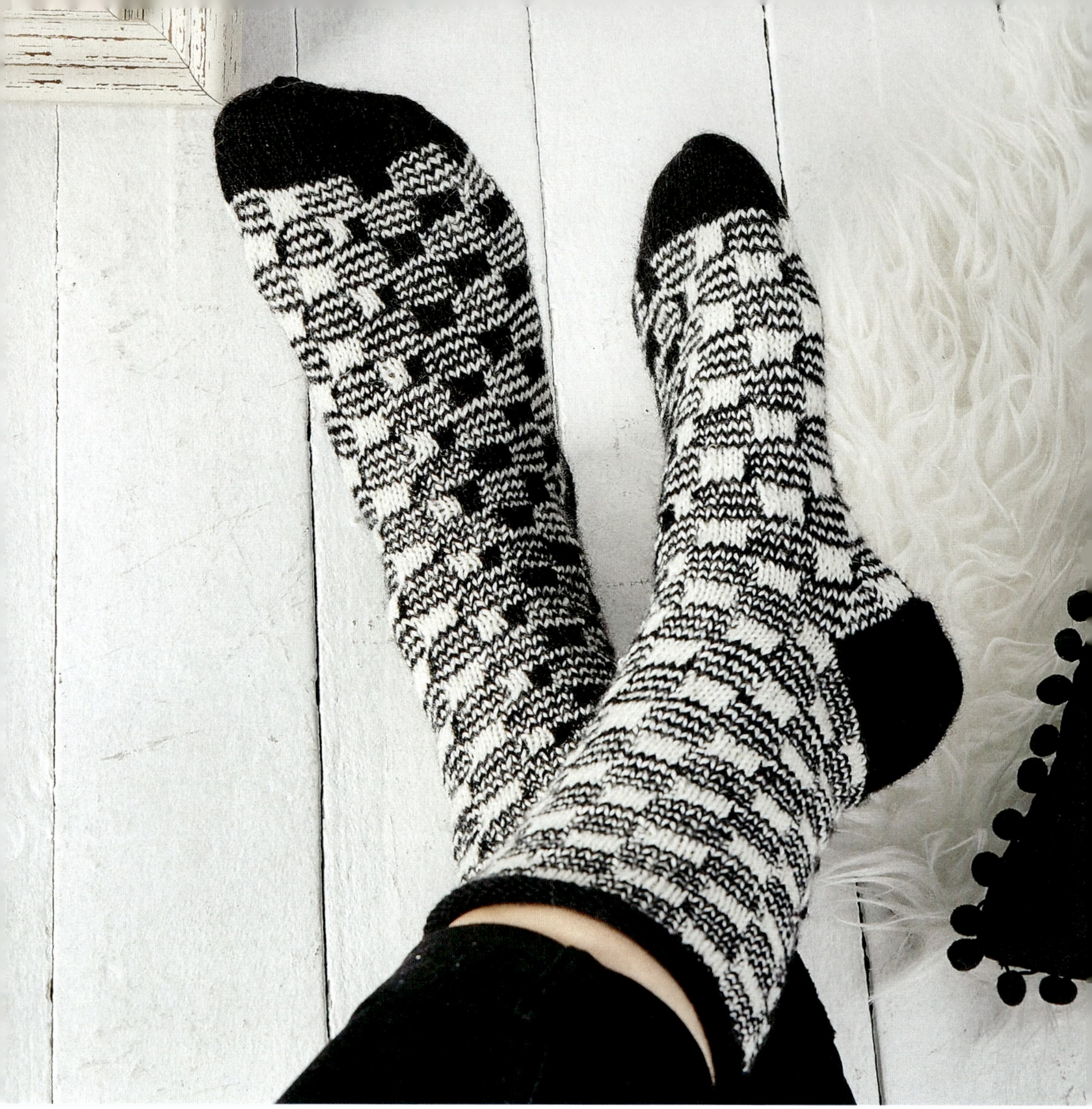

Strickschrift

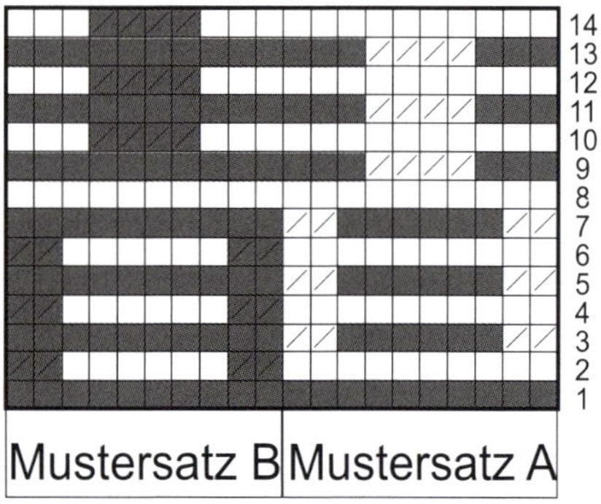

Zeichenerklärung

☐ = 1 Masche rechts

⧄ = 1 Masche wie zum Linksstricken abheben (Faden hinter der Arbeit)

REVERSIBEL

Socken mit Positiv-negativ-Muster ✶ ✶ ☆

Größe

38/39; nach Tabelle auch in Größe 36/37 möglich.

Material

- Junghans Wolle Freizeit 4-fädig (75 % Schurwolle, 25 % Polyamid, Lauflänge 420 m/100 g): je 100 g Schwarz (Farbe 269-266-05) und Wollweiß (Farbe 269-449-05)
- Nadelspiel 2,5 – 3,0 mm

Hebemaschenmuster A und B: Maschenzahl teilbar durch 10. Nach der Strickschrift arbeiten. Jeweils den Mustersatz von 10 Maschen stets wiederholen. Die 1. – 14. Runde stets wiederholen.
Glatt rechts: Hinreihen rechts und Rückreihen links stricken; in Runden immer rechts stricken.
Streifenfolge: * 1 Runde Schwarz, 1 Runde Wollweiß, ab * stets wiederholen.
Maschenproben: Glatt rechts 30 Maschen und 42 Reihen/Runden = 10 x 10 cm
Hebemaschenmuster 30 Maschen und 48 Runden = 10 x 10 cm

So wird's gemacht

Erste Socke

60 Maschen in Schwarz anschlagen, die Maschen gleichmäßig auf die 4 Nadeln verteilen – 15 Maschen pro Nadel – und für den Rollrand 16 Runden glatt rechts stricken. Dann in der Streifenfolge weiterarbeiten, dabei die Maschen wie folgt einteilen: 30 Maschen Hebemaschenmuster A, 30 Maschen Hebemaschenmuster B. Nach 17,5 cm = 84 Runden ab Rollrand die Ferse nach Tabelle glatt rechts in Schwarz stricken, dabei die Maschen des Zwickels glatt rechts in der Streifenfolge stricken. Danach das Hebemaschenmuster in der Streifenfolge fortsetzen. Dann die Bandspitze nach Tabelle glatt rechts in Schwarz stricken. Die restlichen Maschen mit dem Faden zusammenziehen.

Zweite Socke

Ebenso arbeiten, jedoch mit folgender Mascheneinteilung: 30 Maschen Hebemaschenmuster B, 30 Maschen Hebemaschenmuster A.

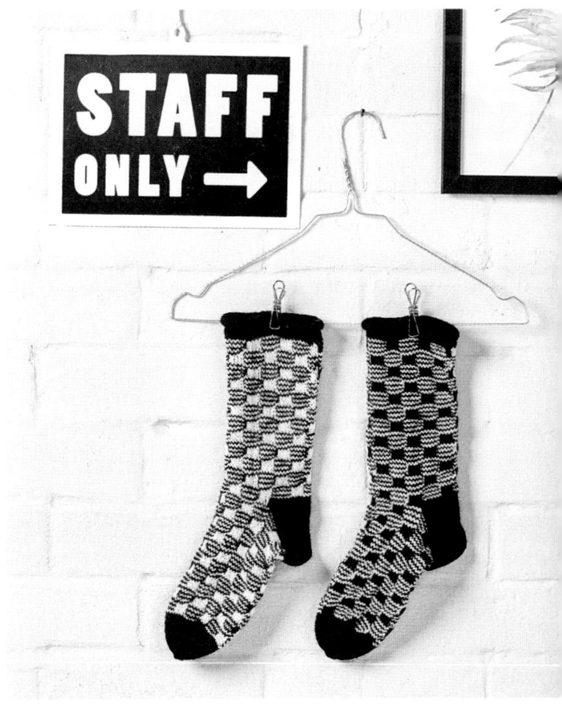

DEZENT

Socken mit Hebemaschenlinien an den Seiten ✶ ✶ ✩

Größe

38/39; nach Tabelle in allen Größen möglich.

Material

- Online Linie 3 Supersocke (75 % Schurwolle, 25 % Polyamid, Lauflänge 420 m/50 g): je 100 g Lila (Farbe 51) und Grüngrau (Farbe 55)
- Nadelspiel 2,5 – 3,0 mm

Rippenmuster: 1 Masche rechts, 1 Masche links im Wechsel stricken.

Hebemaschenmotiv A und B über 2 Maschen: Nach den Strickschriften A und B arbeiten. Die 1. und 2. Runde stets wiederholen.

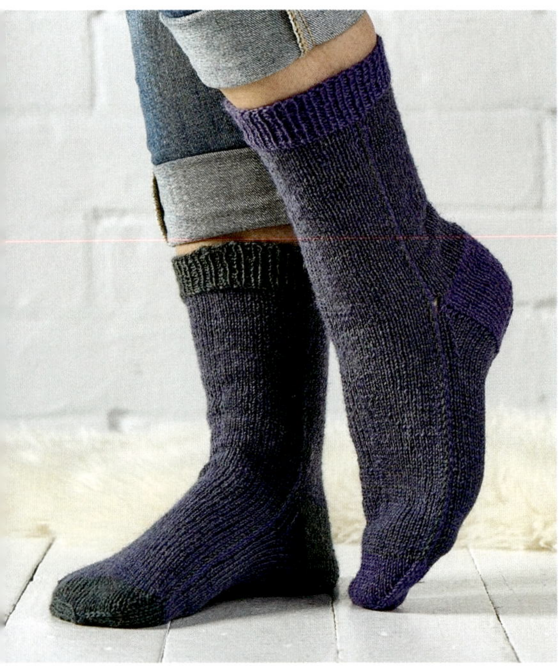

Glatt rechts: Hinreihen rechts und Rückreihen links stricken; in Runden immer rechts stricken.

Streifenfolge: * 1 Runde Lila, 1 Runde Grüngrau, ab * stets wiederholen.

Maschenproben: Glatt rechts 30 Maschen und 42 Reihen/Runden = 10 x 10 cm

Hebemaschenmuster 30 Maschen und 42 Runden = 10 x 10 cm

So wird's gemacht

Erste Socke

60 Maschen in Grüngrau anschlagen, die Maschen gleichmäßig auf die 4 Nadeln verteilen – 15 Maschen pro Nadel – und für den Bund 3,5 cm = 15 Runden im Rippenmuster stricken. Dann in der Streifenfolge weiterarbeiten und die Maschen wie folgt einteilen: 15 Maschen glatt rechts, 2 Maschen Hebemaschenmotiv A, 26 Maschen glatt rechts, 2 Maschen Hebemaschenmotiv B, 15 Maschen glatt rechts. Nach 15,5 cm = 65 Runden ab Bund die Ferse nach Tabelle in Grüngrau stricken. Danach den Fuß weiterarbeiten, dabei die Mascheneinteilung in der Streifenfolge fortsetzen. Dann die Bandspitze nach Tabelle in Grüngrau stricken. Die restlichen Maschen mit dem Faden zusammenziehen.

Zweite Socke

Genauso arbeiten, jedoch den Bund, die Ferse und die Bandspitze in Lila arbeiten und die Streifenfolge mit 1 Runde Grüngrau beginnen.

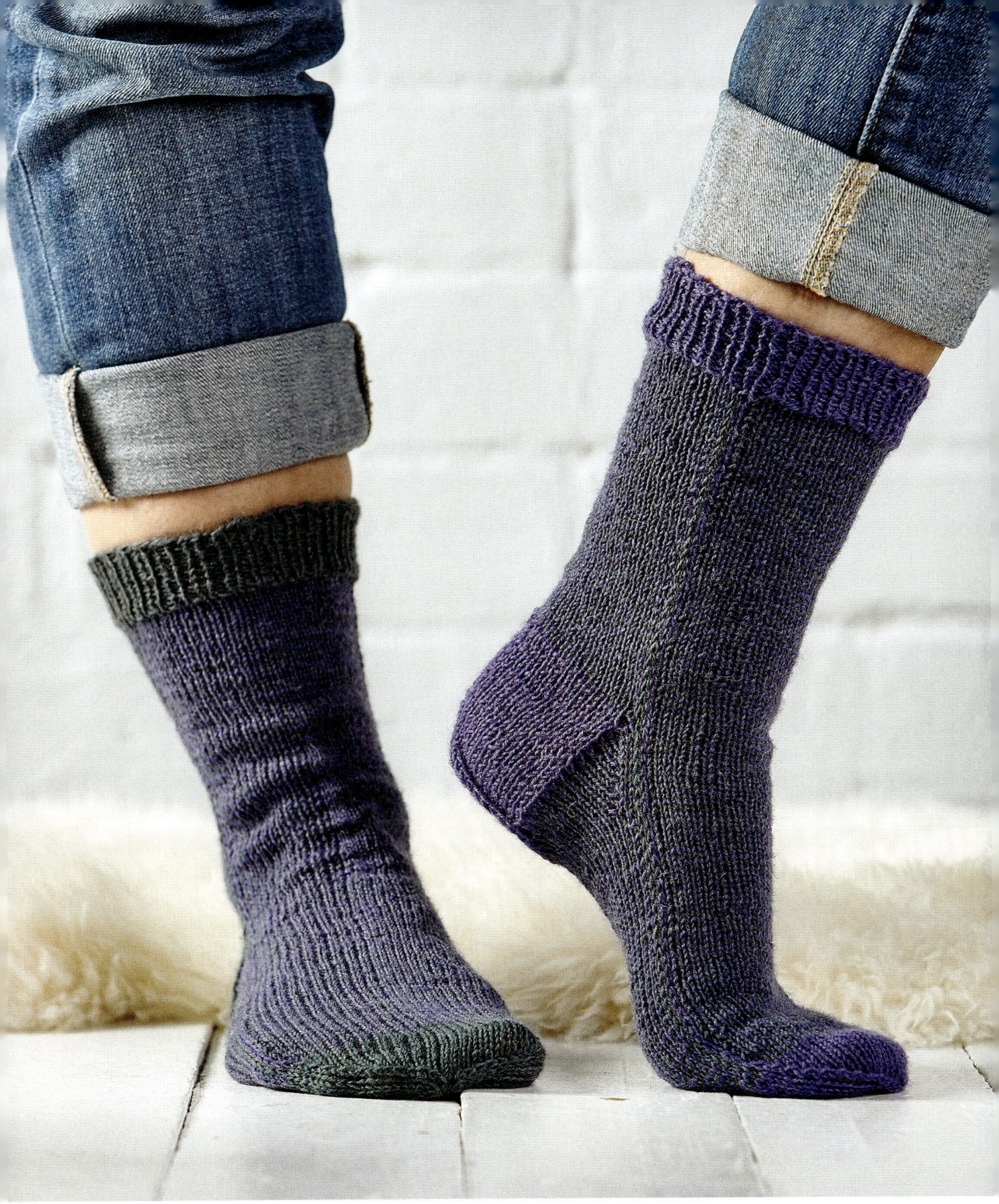

Strickschrift

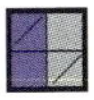 2 1 A 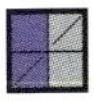 2 1 B

Zeichenerklärung

☐ = 1 Masche rechts

☒ = 1 Masche wie zum Linksstricken abheben (Faden hinter der Arbeit)

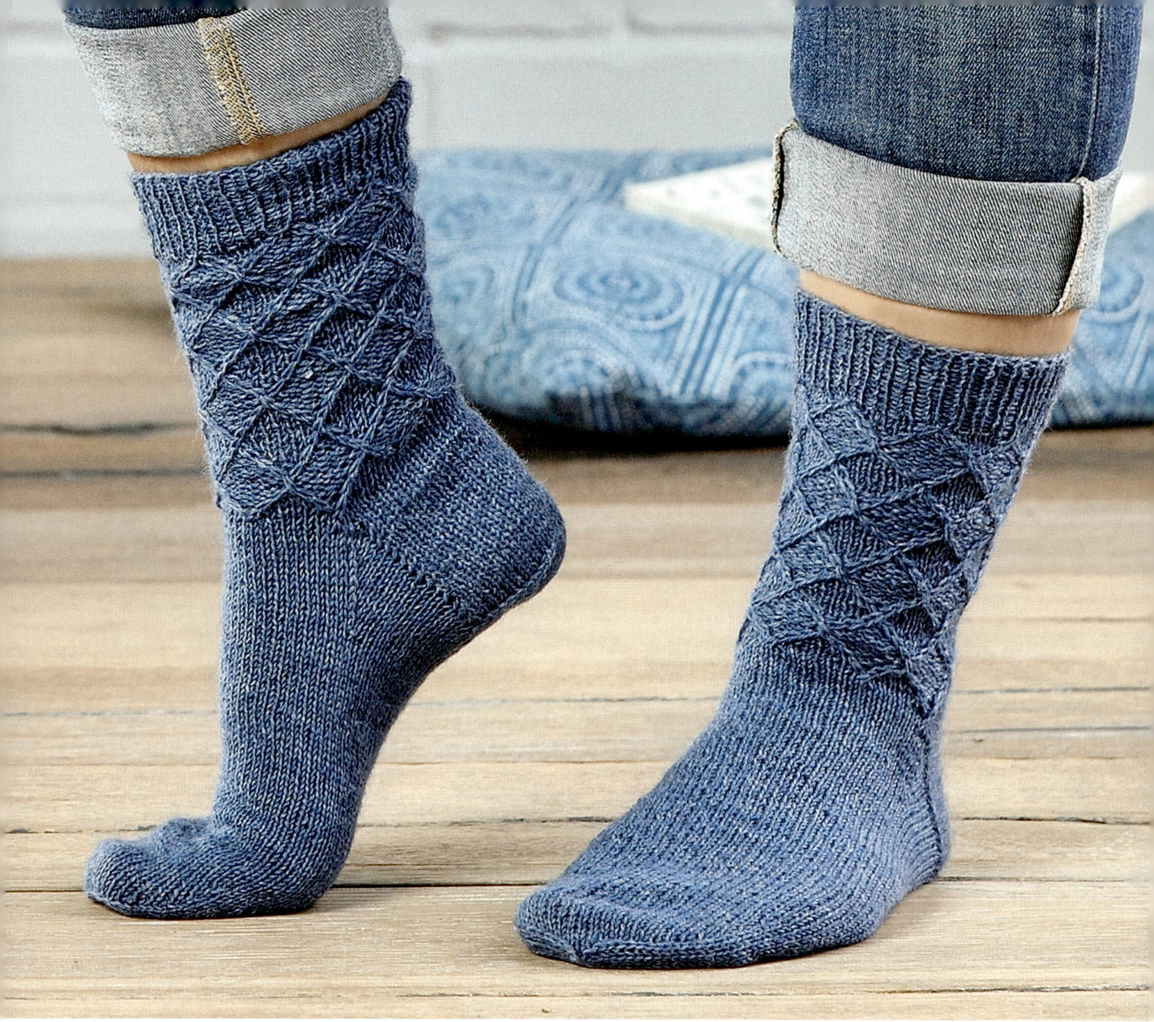

Zeichenerklärung

- = 1 Masche rechts
- = 1 Masche links
- = 1 Masche auf eine Hilfsnadel vor die Arbeit legen, 1 Masche links stricken, dann die Masche der Hilfsnadel wie zum Linksstricken abheben (Faden hinter der Arbeit)
- = 1 Masche auf eine Hilfsnadel hinter die Arbeit legen, 1 Masche wie zum Linksstricken abheben (Faden hinter der Arbeit), dann die Masche der Hilfsnadel links stricken
- = 1 Masche auf eine Hilfsnadel vor die Arbeit legen, 1 Masche rechts stricken, dann die Masche der Hilfsnadel wie zum Linksstricken abheben (Faden hinter der Arbeit)
- = 1 Masche auf eine Hilfsnadel hinter die Arbeit legen, 1 Masche wie zum Linksstricken abheben (Faden hinter der Arbeit), dann die Masche der Hilfsnadel rechts stricken
- = 1 Masche auf eine Hilfsnadel vor die Arbeit legen, 1 Masche wie zum Linksstricken abheben (Faden hinter der Arbeit), dann die Masche der Hilfsnadel wie zum Linksstricken abheben (Faden hinter der Arbeit)
- = 1 Masche auf eine Hilfsnadel hinter die Arbeit legen, 1 Masche wie zum Linksstricken abheben (Faden hinter der Arbeit), dann die Masche der Hilfsnadel wie zum Linksstricken abheben (Faden hinter der Arbeit)

GITTERLINIEN

Socken mit kleinem Gittermuster ✶ ✶ ☆

Größe

40/41; nach Tabelle auch in Größe 24/25, 26/27, 32/33, 34/35 und 42/43 möglich.

Material

- Junghans Wolle Freizeit 4-fädig (75 % Schurwolle, 25 % Polyamid, Lauflänge 420 m/100 g): 100 g Grau-Blau meliert (Farbe 269-241-05)
- Nadelspiel 2,5 – 3,0 mm

Rippenmuster: 1 Masche rechts, 1 Masche links im Wechsel stricken.

Hebemaschenmuster: Maschenzahl teilbar durch 8. Nach der Strickschrift arbeiten. Den Mustersatz stets wiederholen. Die 1. – 16. Runde stets wiederholen. Am Beginn der 2. Runde die erste Masche ungestrickt auf die rechte Nadel heben; der Mustersatz beginnt dann an dieser Stelle. Bei den Wiederholungen am Ende der 16. Runde die letzte Masche ungestrickt auf die linke Nadel heben für die Verzopfung zu Beginn der 1. Runde.

Glatt rechts: Hinreihen rechts und Rückreihen links stricken; in Runden immer rechts stricken.

Maschenproben. Glatt rechts 30 Maschen und 42 Reihen/Runden = 10 x 10 cm
Hebemaschenmuster 30 Maschen und 45,5 Runden = 10 x 10 cm

Strickschrift

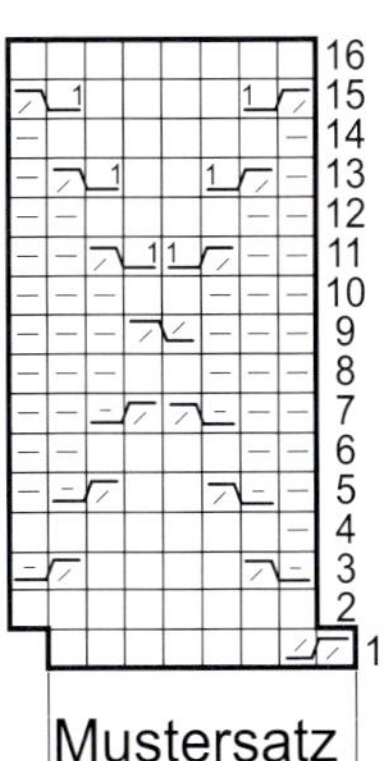

So wird's gemacht

Erste Socke

64 Maschen anschlagen, die Maschen gleichmäßig auf die 4 Nadeln verteilen – 16 Maschen pro Nadel – und für den Bund 4 cm = 19 Runden im Rippenmuster stricken. Dann im Hebemaschenmuster weiterarbeiten. Nach 14 cm = 64 Runden ab Bund glatt rechts weiterarbeiten, dabei die Ferse, den Fuß und die Bandspitze nach Tabelle glatt rechts stricken. Die restlichen Maschen mit dem Faden zusammenziehen.

Zweite Socke

Genauso stricken.

VERSCHLUNGEN

Socken mit schrägem Verlauf ✶✶☆

Größe

40/41; nach Tabelle auch in Größe 24/25, 26/27, 32/33, 34/35 und 42/43 möglich.

Material

- Lang Yarns Jawoll (75 % Schurwolle, 25 % Polyamid, Lauflänge 210 m/50 g): je 50 g Rost (Farbe 0275), Petrol (Farbe 0288), Smaragd (Farbe 0379) und Grüngrau (Farbe 0388)
- Nadelspiel 2,5 – 3,0 mm

Strickschrift A und B

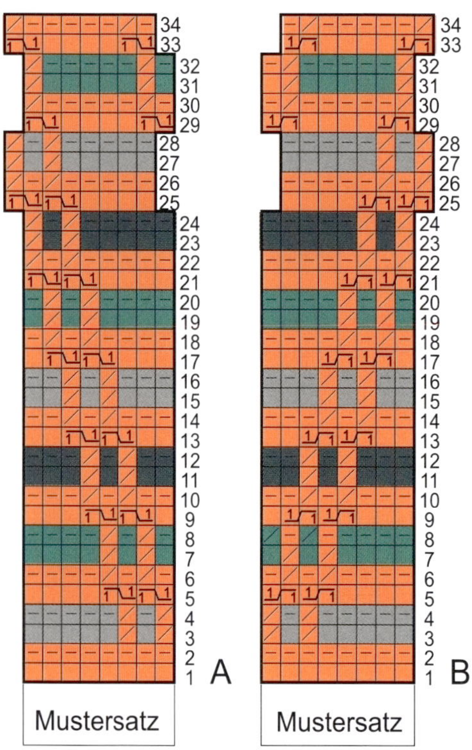

Hebemaschenmuster A (erste Socke) und B (zweite Socke): Maschenzahl teilbar durch 8. Nach der Strickschrift A bzw. B arbeiten. Den Mustersatz stets wiederholen. Die 1. – 34. Runde stricken, dann die 3. – 34. Runde stets wiederholen. Durch den versetzten Mustersatz entweder die 1. Masche ungestrickt abheben oder die letzte Masche der Vor-Runde bereits zum folgenden Mustersatz dazunehmen.

Glatt rechts: Hinreihen rechts und Rückreihen links stricken; in Runden immer rechts stricken.

Kraus rechts: 1 Runde rechts, 1 Runde links im Wechsel stricken.

Streifenfolge: * 2 Runden Rost, 2 Runden Grüngrau, 2 Runden Rost, 2 Runden Smaragd, 2 Runden Rost, 2 Runden Petrol, ab * stets wiederholen. Beim Farbwechsel die Fäden miteinander verkreuzen, damit keine Löcher entstehen.

Zeichenerklärung

= 1 Masche rechts

= 1 Masche links

= 1 Masche wie zum Linksstricken abheben (Faden hinter der Arbeit)

= 1 Masche auf eine Hilfsnadel vor die Arbeit legen, 1 Masche rechts stricken, dann die Masche der Hilfsnadel rechts stricken

= 1 Masche auf eine Hilfsnadel hinter die Arbeit legen, 1 Masche rechts stricken, dann die Masche der Hilfsnadel rechts stricken

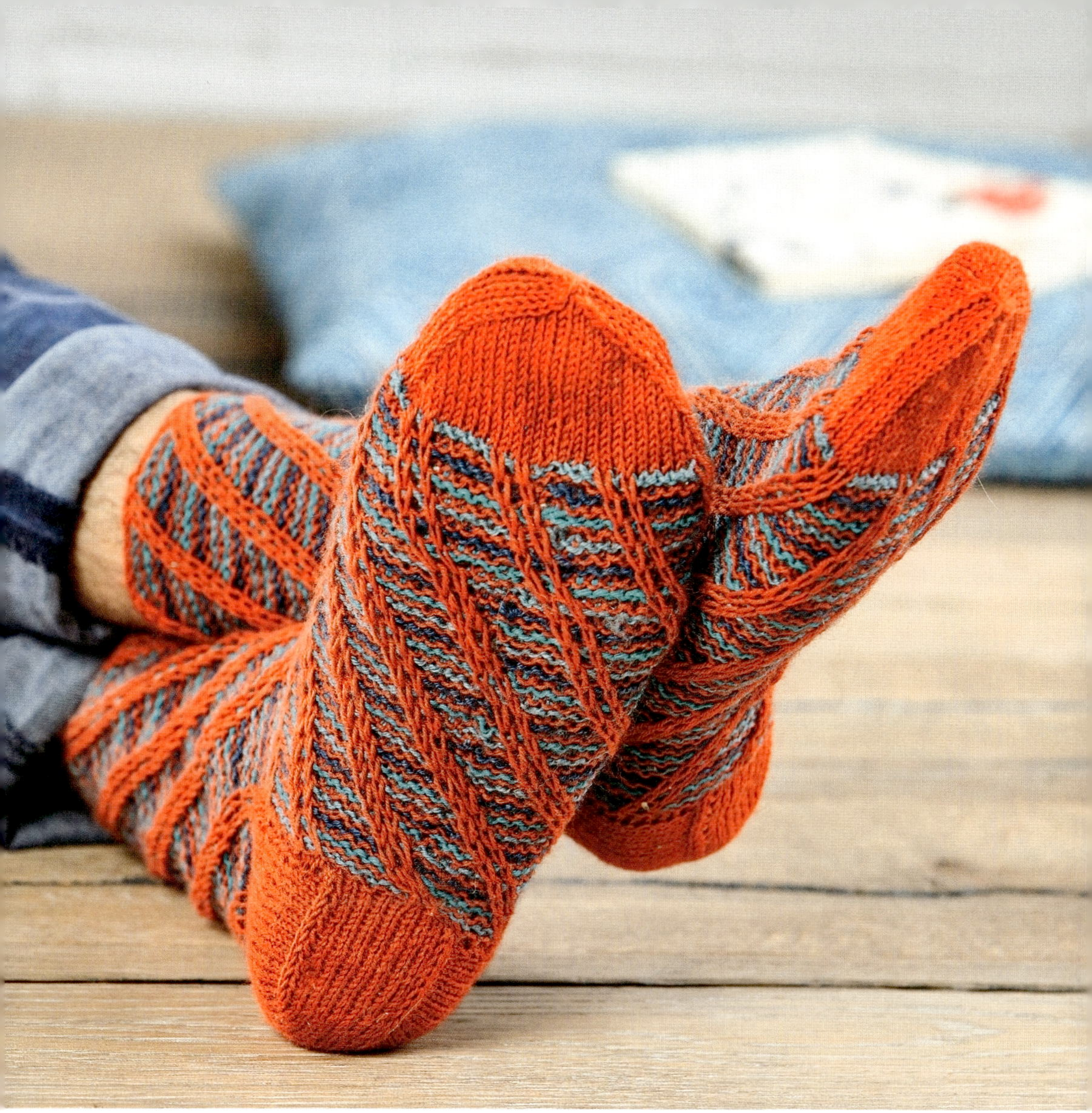

Maschenproben: Glatt rechts 30 Maschen und 42 Reihen/Runden = 10 x 10 cm
Hebemaschenmuster 30 Maschen und 65,5 Runden = 10 x 10 cm

So wird's gemacht

Erste Socke

64 Maschen in Rost anschlagen, die Maschen gleichmäßig auf die 4 Nadeln verteilen – 16 Maschen pro Nadel – und im Hebemaschenmuster A in der Streifenfolge stricken. Nach 18 cm = 118 Runden ab Anschlag die Ferse nach Tabelle in Rost stricken. Danach den Fuß im Hebemaschenmuster in der Streifenfolge fortsetzen, dabei über die Maschen des Zwickels kraus rechts stricken. Die Bandspitze nach Tabelle in Rost stricken. Die restlichen Maschen mit dem Faden zusammenziehen.

Zweite Socke

Genauso stricken, jedoch im Hebemaschenmuster B.

ZICKZACK

Ringelsocken mit geschwungenen Linien ✶ ✶ ☆

Größe

40/41 und 42/43

Material

- Junghans Wolle Freizeit 6-fädig (75 % Schurwolle, 25 % Polyamid, Lauflänge 400 m/150 g): je 150 g Mais (Farbe 248-443-05) und Anthrazit (Farbe 248-401-05)
- Nadelspiel 3,0 – 4,0 mm

Hebemaschenmuster: Maschenzahl teilbar durch 13. Nach der Strickschrift arbeiten. Den Mustersatz von 13 Maschen stets wiederholen. Die 1. – 48. Runde stets wiederholen.

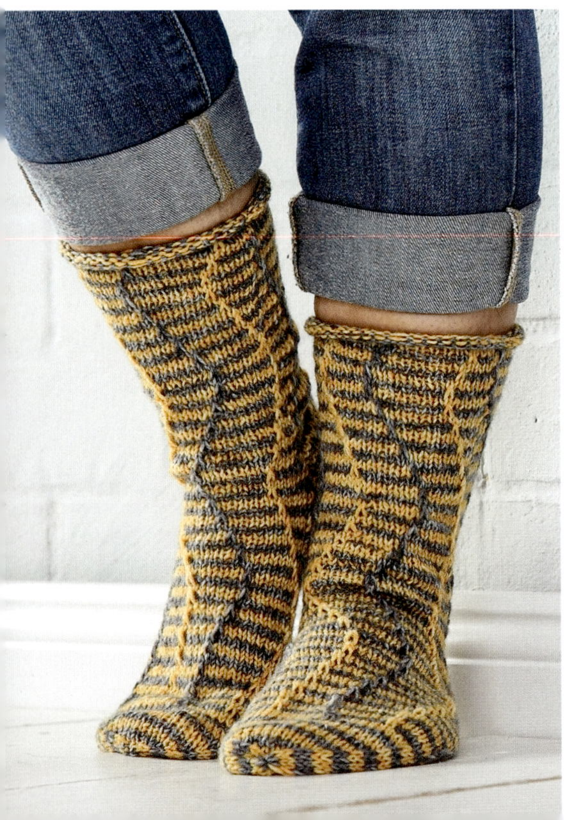

Glatt rechts: Hinreihen rechts und Rückreihen links stricken; in Runden immer rechts stricken.

Streifenfolge: * 2 Runden Mais, 2 Runden Anthrazit, ab * stets wiederholen. Beim Farbwechsel die Fäden miteinander verkreuzen, damit keine Löcher entstehen.

Maschenproben: Glatt rechts 22 Maschen und 30 Reihen/Runden = 10 x 10 cm
Hebemaschenmuster 22 Maschen und 32,5 Runden = 10 x 10 cm

So wird's gemacht

Erste Socke

52 Maschen in Anthrazit anschlagen, die Maschen gleichmäßig auf die 4 Nadeln verteilen – 13 Maschen pro Nadel – und 1 Runde glatt rechts stricken. Dann im Hebemaschenmuster in der Streifenfolge stricken. Nach 19 cm = 62 Runden ab Musterbeginn glatt rechts in der Streifenfolge weiterarbeiten und für die Fersenwand 24 Reihen stricken. Dafür die Maschen der 4. und 1. Nadel auf eine Nadel nehmen. Die Maschen der 2. und 3. Nadel stilllegen. Danach für das Käppchen die Maschen der Fersenwand auf drei Nadeln verteilen (9/8/9), die Streifenfolge fortsetzen. In der nächsten Hinreihe die äußeren Maschen und die (mittleren) Käppchenmaschen rechts stricken, dabei die letzte Käppchenmasche wie zum Rechtsstricken abheben, die erste folgende Masche der äußeren Maschen rechts stricken und die abgehobene Käppchenmasche darüberziehen, Arbeit wenden. In der Rückreihe die erste Käppchenmasche wie zum Linksstri-

cken abheben (Faden vor der Masche) und alle Käppchenmaschen bis auf die letzte links stricken. Die letzte Käppchenmasche mit der folgenden Masche der äußeren Maschen links zusammenstricken, Arbeit wenden. Diese Abnahmen in jeder Reihe so oft wiederholen bis alle äußeren Maschen beidseitig aufgebraucht sind, dabei in den Hinreihen jeweils die erste Käppchenmasche wie zum Rechtsstricken und in den Rückreihen die erste Käppchenmasche wie zum Linksstricken abheben. Nun wieder über alle Maschen in Runden weiterarbeiten, das Hebemaschenmuster in der Streifenfolge fortsetzen und aus den seitlichen Rändern der Fersenwand aus jeder 2. Reihe 1 Masche auffassen. Für den Zwickel (glatt rechts stricken) die zusätzlichen Maschen wieder abnehmen, dafür in der 3. Runde die zweit- und drittletzte Masche der 1. Nadel rechts zusammenstricken und die 2. und 3. Masche der 4. Nadel rechts überzogen zusammenstricken (= 1 Masche wie zum Rechtsstricken abheben, 1 Masche rechts stricken, dann die abgehobene Masche darüberziehen). Diese Abnahmen in jeder 2. Runde so oft wiederholen bis auf allen vier Nadeln die Maschenzahl wie bei Fersenbeginn erreicht ist = 52 Maschen. Nach 21,5 (22,5) cm Fußlänge (gemessen ab Fersenmitte) die Bandspitze glatt rechts in der Streifenfolge stricken, dabei in jeder 2. Runde jeweils die zweit- und drittletzte Masche der 1. und 3. Nadel rechts zusammenstricken und die 2. und 3. Masche der 2. und 4. Nadel rechts überzogen zusammenstricken. Wenn noch 8 Maschen übrig sind, diese restlichen Maschen mit dem Faden zusammenziehen.

Zweite Socke

Genauso stricken.

Strickschrift

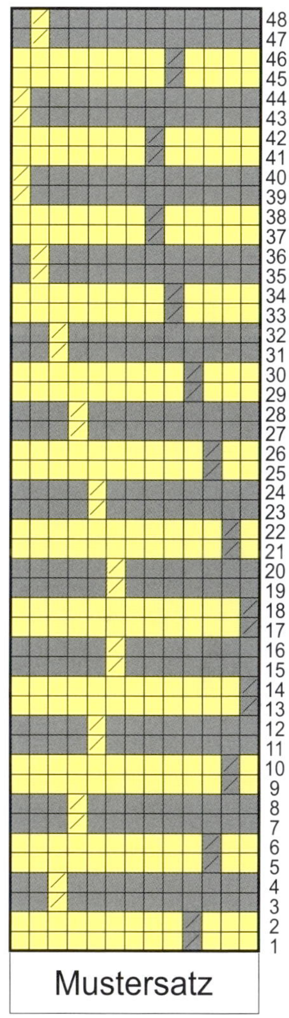

Zeichenerklärung

☐ = 1 Masche rechts

☒ = 1 Masche wie zum Linksstricken abheben (Faden hinter der Arbeit)

NORWEGISCH

Socken mit Jacquardbordüre ✶ ✶ ☆

Größe

38/39; nach Tabelle auch in Größe 36/37 möglich.

Material

- ONline Linie 2 Supersocke Silk (55 % Schurwolle, 25 % Polyamid, 20 % Seide, Lauflänge 200 m/50 g): je 50 g Rot (Farbe 19) und Natur (Farbe 23)
- Nadelspiel 2,5 – 3,0 mm

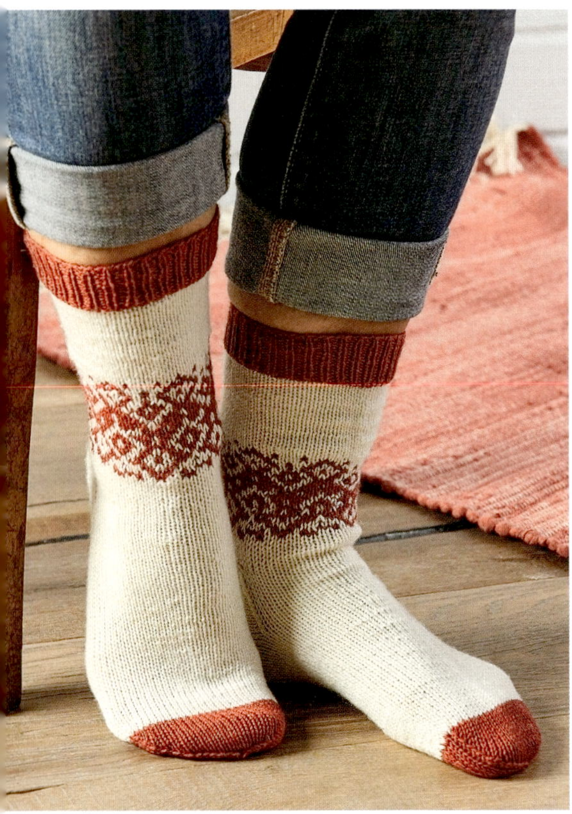

Rippenmuster: 1 Masche rechts, 1 Masche links im Wechsel stricken.

Glatt rechts: Hinreihen rechts und Rückreihen links stricken; in Runden immer rechts stricken.

Hebemaschenmuster: Maschenzahl teilbar durch 10. Nach der Strickschrift arbeiten. Es ist jede Runde gezeichnet. Den Mustersatz stets wiederholen. 1x die 1. – 40. Runde arbeiten.

Streifenfolge: * 1 Runde Natur, 1 Runde Rot, ab * stets wiederholen. Beim Farbwechsel die Fäden miteinander verkreuzen, damit keine Löcher entstehen.

Maschenprobe: Glatt rechts 30 Maschen und 42 Reihen/Runden = 10 x 10 cm

So wird's gemacht

Erste Socke

60 Maschen in Rot anschlagen, die Maschen gleichmäßig auf die 4 Nadeln verteilen – 15 Maschen pro Nadel und für den Bund 4 cm = 16 Runden im Rippenmuster stricken. Dann glatt rechts in Natur weiterarbeiten. Nach 6 cm = 25 Runden ab Bund das Hebemaschenmuster in der Streifenfolge stricken. Danach wieder glatt rechts in Natur weiterarbeiten. Nach 1,5 cm = 6 Runden ab Ende des Hebemaschenmusters die Ferse und den Fuß nach Tabelle stricken. Dann die Bandspitze nach Tabelle glatt rechts in Rot stricken. Die restlichen Maschen mit dem Faden zusammenziehen.

Zweite Socke

Genauso stricken.

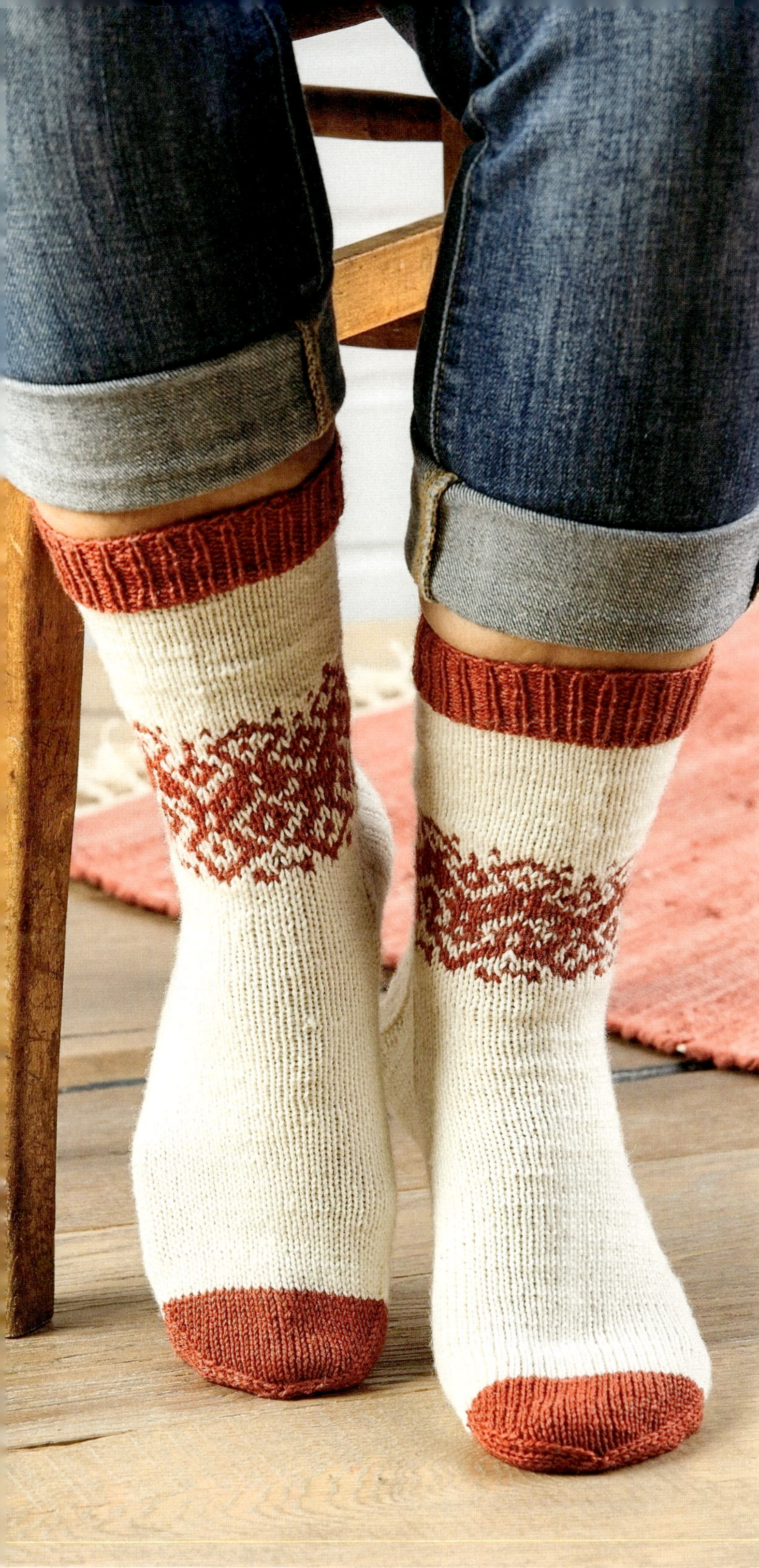

Strickschrift

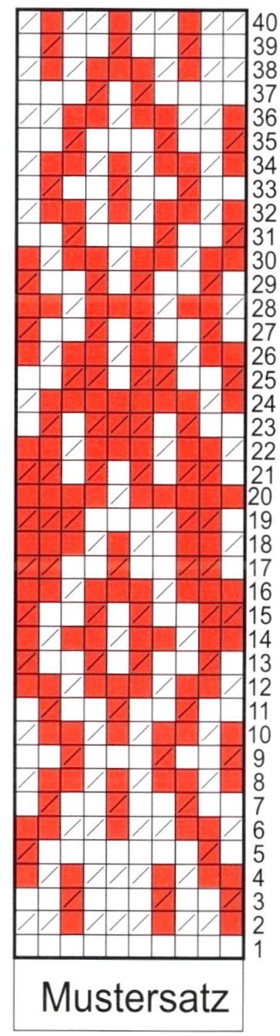

Zeichenerklärung

☐ = 1 Masche rechts

☐ (mit Schrägstrich) = 1 Masche wie zum Linksstricken abheben (Faden hinter der Arbeit)

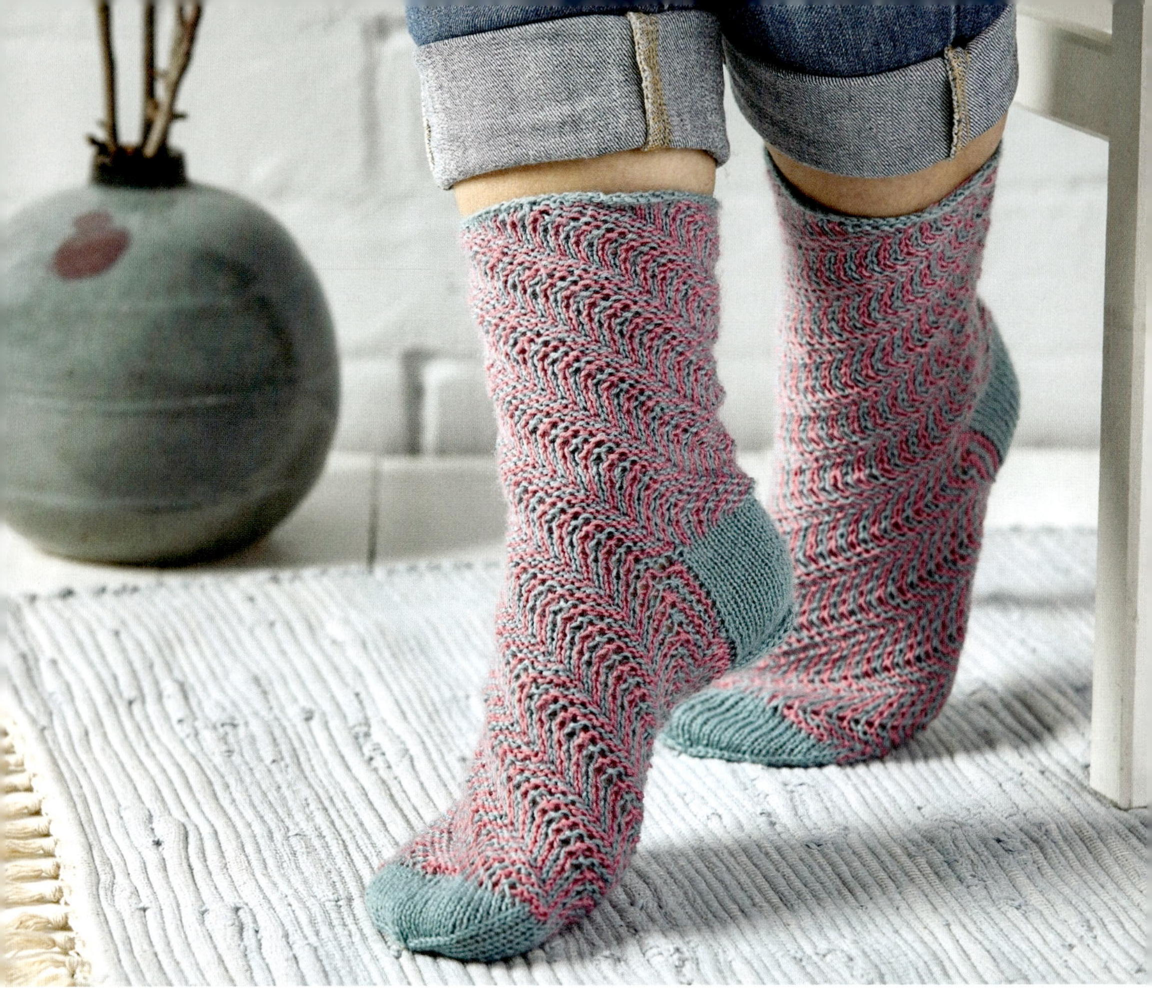

Strickschrift A und B

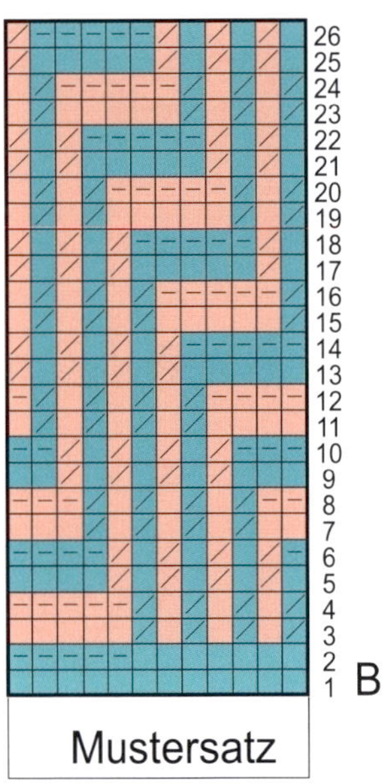

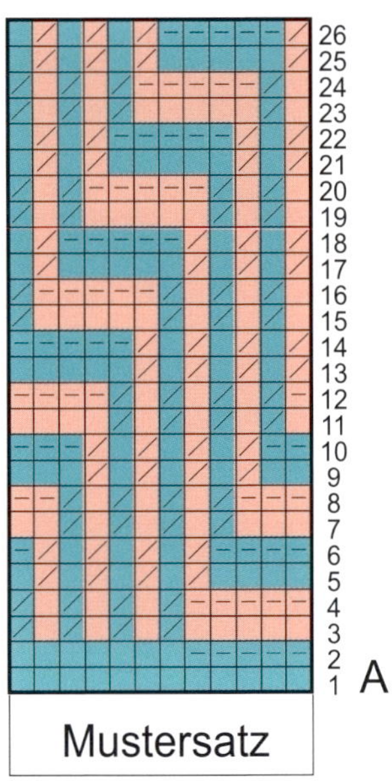

Zeichenerklärung

☐ = 1 Masche rechts

⊟ = 1 Masche links

⧄ = 1 Masche wie zum Linksstricken abheben (Faden hinter der Arbeit)

SCHWINGUNGEN

Socken mit schräg verlaufendem Muster ✶ ✶ ☆

Größe

38/39; nach Tabelle auch in Größe 24/25, 26/27, 36/37 und 46/47 möglich.

Material

- Lang Yarns Jawoll (75 % Schurwolle, 25 % Polyamid, Lauflänge 210 m/50 g): je 50 g Rosé (Farbe 0119) und Mint (Farbe 0372)
- Nadelspiel 2,5 – 3,0 mm

Hebemaschenmuster A (erste Socke) und B (zweite Socke): Maschenzahl teilbar durch 12. Siehe Strickschrift A bzw. B. Den Mustersatz stets wiederholen. Die 1. – 26. Runde stricken, dann die 3. – 26. Runde stets wiederholen.

Glatt rechts: Hinreihen rechts und Rückreihen links stricken; in Runden immer rechts stricken.

Streifenfolge: * 2 Runden Mint, 2 Runden Rosé, ab * stets wiederholen. Beim Farbwechsel die Fäden miteinander verkreuzen, damit keine Löcher entstehen.

Maschenproben: Glatt rechts 30 Maschen und 42 Reihen/Runden = 10 x 10 cm
Hebemaschenmuster 30 Maschen und 65 Reihen = 10 x 10 cm

So wird's gemacht

Erste Socke

60 Maschen in Mint anschlagen, die Maschen gleichmäßig auf die 4 Nadeln verteilen – 15 Maschen pro Nadel – und im Hebemaschenmuster A in der Streifenfolge stricken. Nach 18,5 cm = 120 Runden ab Anschlag die Ferse nach Tabelle in Mint arbeiten, dabei über die zusätzlichen Maschen des Zwickels kraus rechts stricken. Danach für den Fuß das Hebemaschenmuster A in der Streifenfolge fortsetzen und die Bandspitze nach Tabelle glatt rechts in Mint stricken. Die restlichen Maschen mit dem Faden zusammenziehen.

Zweite Socke

Genauso arbeiten, jedoch im Hebemaschenmuster B stricken.

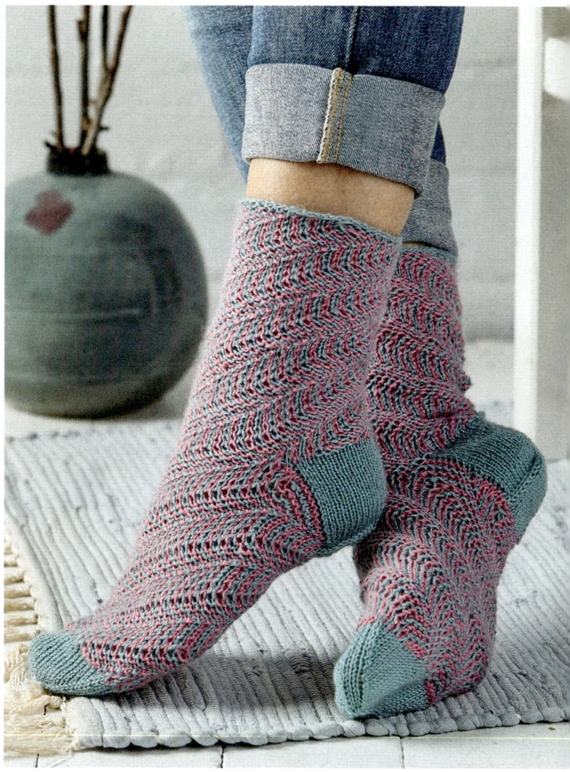

SCHWARZ-WEISS

Ringelsocken mit seitlichem Musterstreifen ✶✶✶

Größe

38/39; nach Tabelle in allen Größen möglich.

Material

- Buttinette Woll Butt Söckli (75 % Schurwolle, 25 % Polyamid, Lauflänge 210 m/50 g): je 50 g Weiß (Farbe 24035) und Schwarz (Farbe 41050)
- Nadelspiel 2,5 – 3,0 mm

Rippenmuster: 1 Masche rechts, 1 Masche links im Wechsel stricken.

Hebemaschenmotiv über 10 Maschen: Nach der Strickschrift arbeiten. Die 1. – 22. Runde stets wiederholen.

Glatt rechts: Hinreihen rechts und Rückreihen links stricken; in Runden immer rechts stricken.

Streifenfolge: * 1 Runde Schwarz, 1 Runde Weiß, ab * stets wiederholen.

Maschenproben: Glatt rechts 30 Maschen und 42 Reihen/Runden = 10 x 10 cm
Hebemaschenmuster 30 Maschen und 42 Runden = 10 x 10 cm

So wird's gemacht

Rechte Socke

60 Maschen in Weiß anschlagen, die Maschen gleichmäßig auf die 4 Nadeln verteilen – 15 Maschen pro Nadel – und für den Bund 4 cm = 14 Runden im Rippenmuster stricken. Dann in der

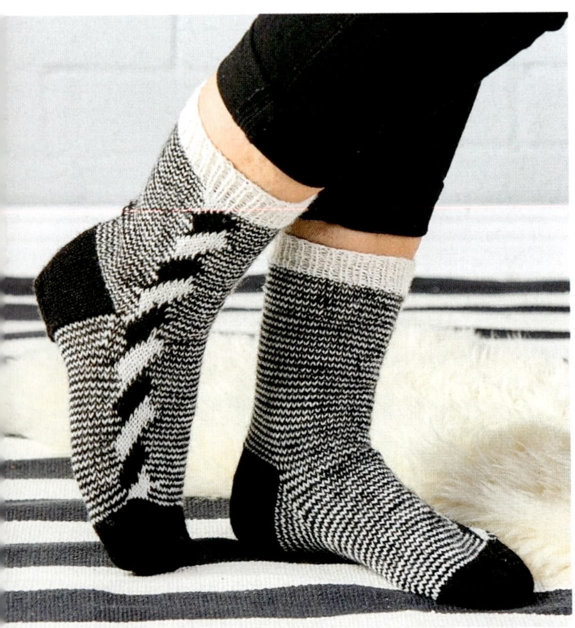

Strickschrift

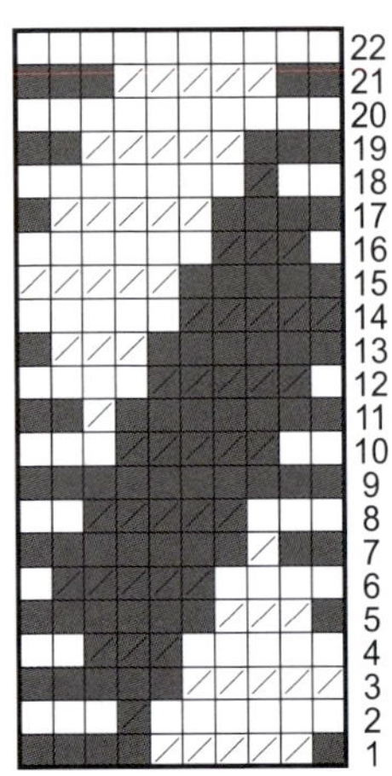

Zeichenerklärung

□ = 1 Masche rechts

⧄ = 1 Masche wie zum Linksstricken abheben (Faden hinter der Arbeit)

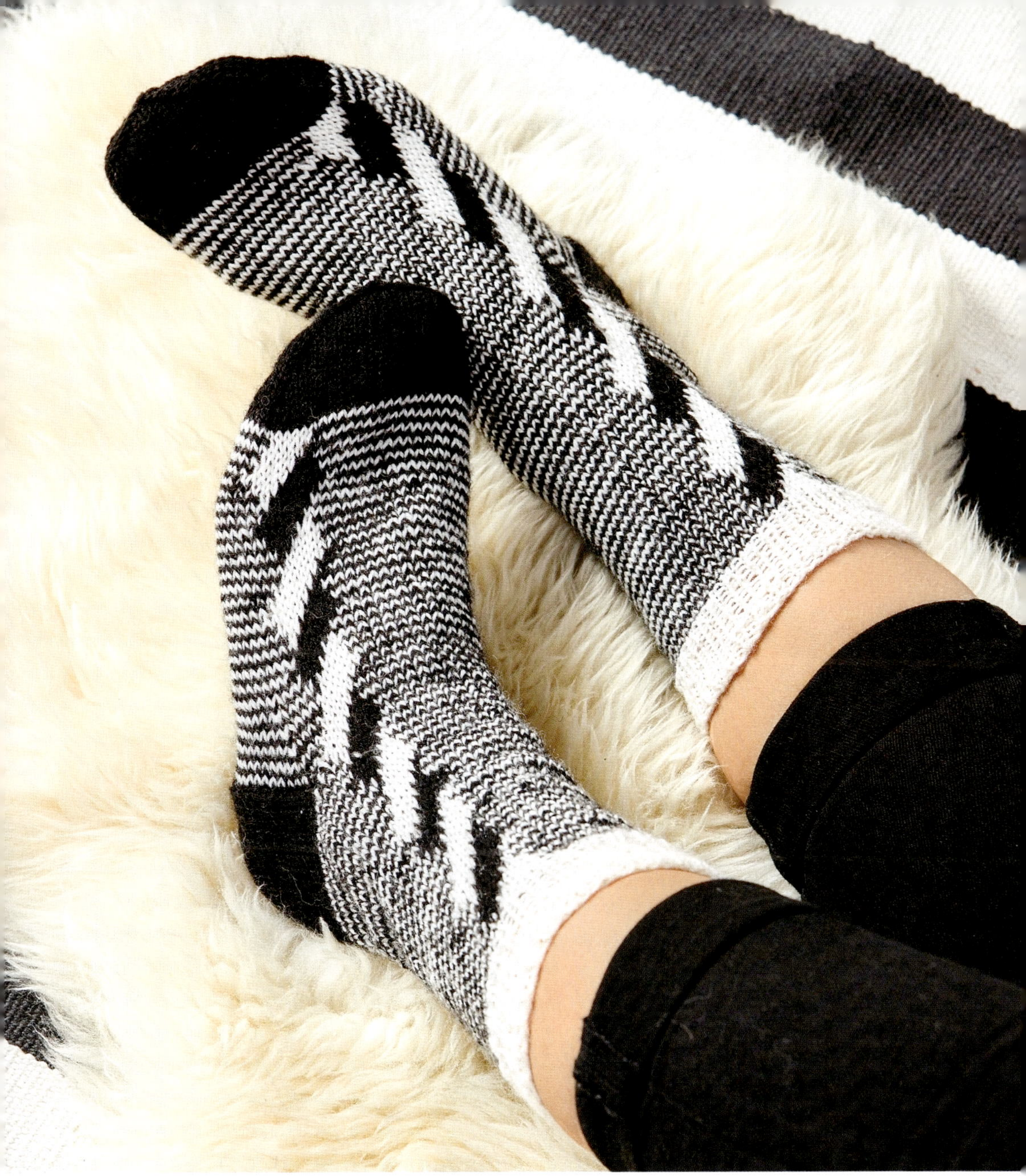

Streifenfolge glatt rechts weiterarbeiten, jedoch über die letzten 10 Maschen der 2. Nadel das Hebemaschenmotiv stricken. 13,5 cm = 56 Runden ab Bund die Ferse nach Tabelle glatt rechts in Schwarz stricken. Danach den Fuß weiterarbeiten, dabei die Mascheneinteilung in der Streifenfolge fortsetzen. Dann die Bandspitze nach Tabelle glatt rechts in Schwarz stricken. Die restlichen Maschen mit dem Faden zusammenziehen.

Linke Socke

Gegengleich arbeiten, dafür das Hebemaschenmotiv über die ersten 10 Maschen der 2. Nadel arbeiten.

Strickschrift

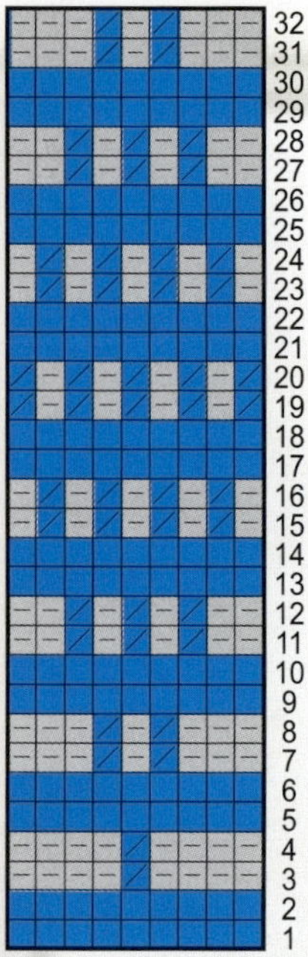

Zeichenerklärung

☐ = 1 Masche rechts

⊟ = 1 Masche links

◻̸ = 1 Masche wie zum Linksstricken abheben (Faden hinter der Arbeit)

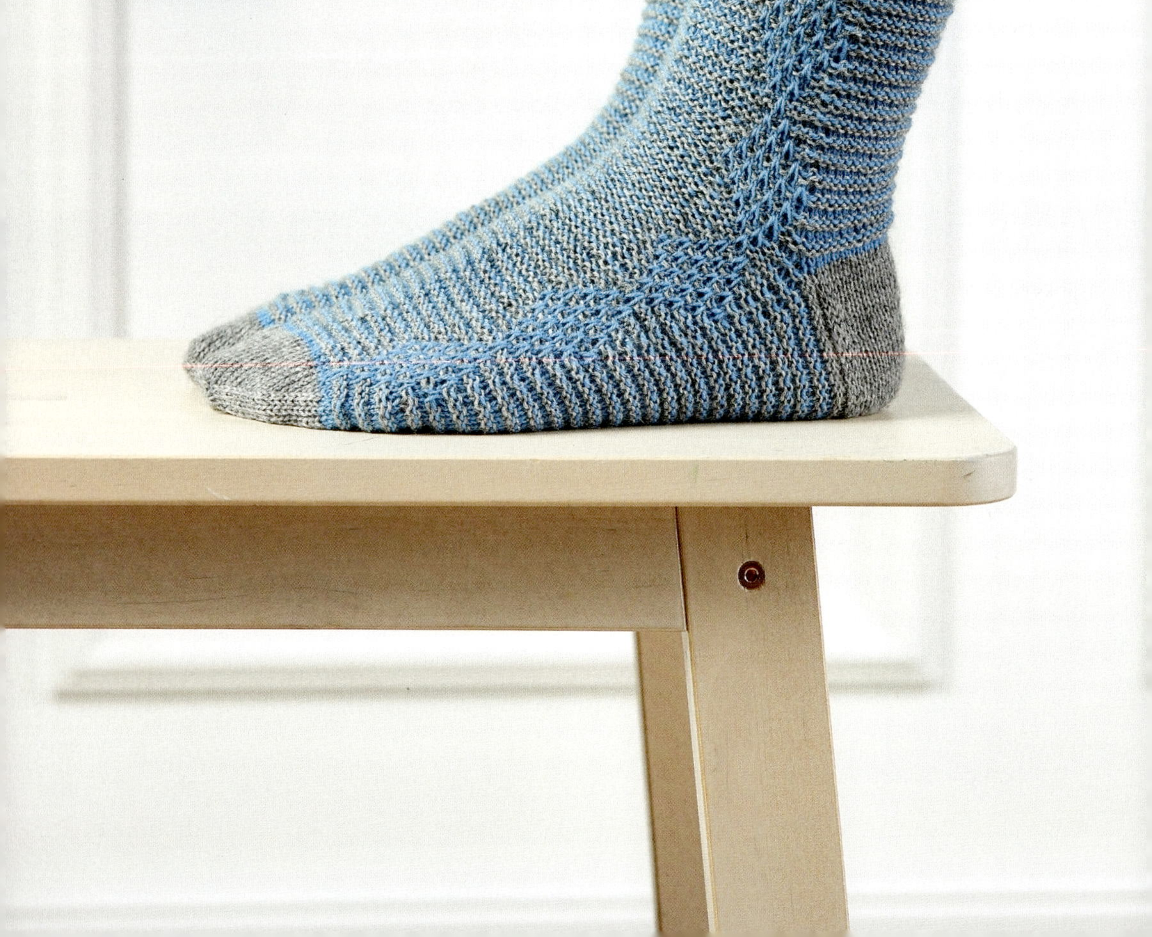

ZISELIERT

Socken mit feinem Rautenmuster ✶✶✶

Größe

38/39; nach Tabelle auch in allen anderen Größen möglich.

Material

- Lang Yarns Jawoll (75 % Schurwolle, 25 % Polyamid, Lauflänge 210 m/50 g): je 50 g Hellgrau (Farbe 0005) und Stahlblau (Farbe 0110)
- Nadelspiel 2,5 – 3,0 mm

Rippenmuster: 1 Masche rechts, 1 Masche links im Wechsel stricken.

Hebemaschenmotiv über 9 Maschen: Nach der Strickschrift arbeiten. Die 1. – 32. Runde stets wiederholen.

Querrippenmuster: 2 Runden rechts, 2 Runden links im Wechsel stricken.

Glatt rechts: Hinreihen rechts und Rückreihen links stricken; in Runden immer rechts stricken.

Streifenfolge: * 2 Runden Stahlblau, 2 Runden Hellgrau ab * stets wiederholen. Beim Farbwechsel die Fäden miteinander verkreuzen, damit keine Löcher entstehen.

Maschenproben: Glatt rechts 30 Maschen und 42 Reihen/Runden = 10 x 10 cm
Hebemaschenmuster 30 Maschen und 67 Runden = 10 x 10 cm

So wird's gemacht

Rechte Socke

60 Maschen in Hellgrau anschlagen, die Maschen gleichmäßig auf die 4 Nadeln verteilen – 15 Maschen pro Nadel – und für den Bund 4 cm = 18 Runden im Rippenmuster stricken. Dann im Querrippenmuster in der Streifenfolge weiterarbeiten, dabei über die letzten 9 Maschen der 3. Nadel das Hebemaschenmotiv stricken. Nach 14 cm = 94 Runden ab Bund die Ferse nach Tabelle in Hellgrau stricken. Danach den Fuß arbeiten, dabei die Mascheneinteilung des Schafts fortsetzen. Die Bandspitze nach Tabelle glatt rechts in Hellgrau stricken. Die restlichen Maschen mit dem Faden zusammenziehen.

Linke Socke

Ebenso arbeiten, jedoch das Hebemaschenmotiv über die ersten 9 Maschen der zweiten Nadel stricken.

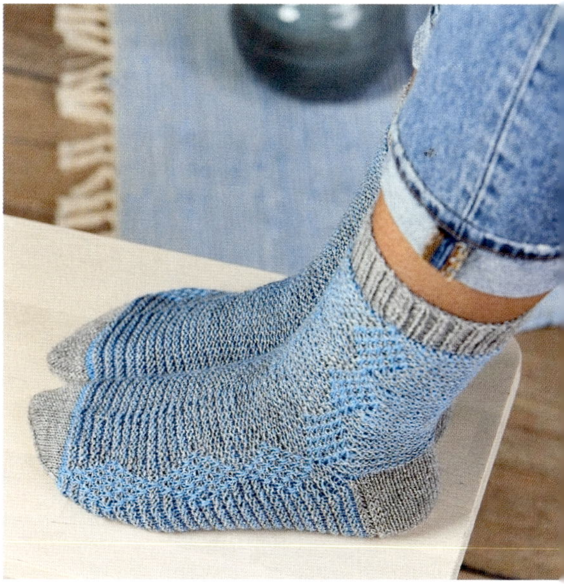

KALEIDOSKOP

Socken mit kleinen eingestrickten Rauten ✶ ✶ ✶

Größe

40/41; nach Tabelle auch in Größe 24/25, 26/27 und 42/43 möglich.

Material

- Junghans Wolle Freizeit 4-fädig (75 % Schurwolle, 25 % Polyamid, Lauflänge 420 m/100 g): je 100 g Weinrot (Farbe 269-233-02) und Grün (Farbe 106-910-05)
- Nadelspiel 2,5 – 3,0 mm

Rippenmuster: 1 Masche rechts, 1 Masche links im Wechsel stricken.

Hebemaschenmuster: Maschenzahl teilbar durch 16. Nach der Strickschrift arbeiten. Den Mustersatz von 16 Maschen stets wiederholen. Die 1. – 16. Runde stets wiederholen.

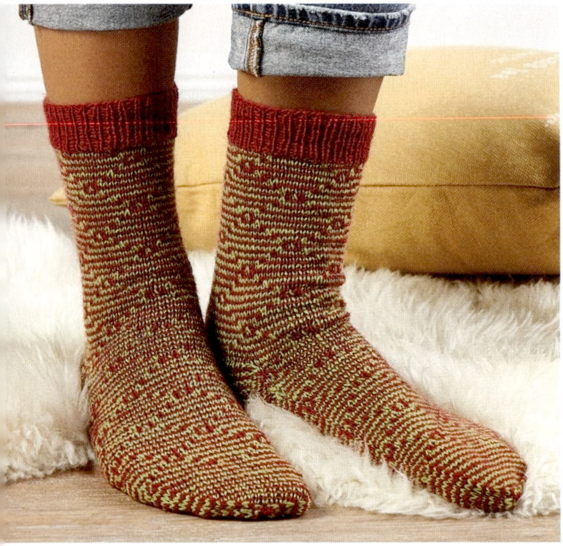

Glatt rechts: Hinreihen rechts und Rückreihen links stricken; in Runden immer rechts stricken.

Streifenfolge A: * 1 Runde Grün, 1 Runde Weinrot, ab * stets wiederholen.

Streifenfolge B: * 2 Reihen Grün, 2 Reihen Weinrot, ab * stets wiederholen. Beim Farbwechsel die Fäden miteinander verkreuzen, damit keine Löcher entstehen.

Maschenproben: Glatt rechts 30 Maschen und 42 Reihen/Runden = 10 x 10 cm
Hebemaschenmuster 30 Maschen und 46,5 Runden = 10 x 10 cm

So wird's gemacht

Erste Socke

64 Maschen in Weinrot anschlagen, die Maschen gleichmäßig auf die 4 Nadeln verteilen – 16 Maschen pro Nadel – und für den Bund 4 cm = 15 Runden im Rippenmuster stricken. Dann im Hebemaschenmuster in der Streifenfolge A weiterarbeiten. Nach 14 cm = 64 Runden ab Bund die Ferse nach Tabelle glatt rechts stricken, dabei die Fersenwand in der Streifenfolge B und das Käppchen in Weinrot arbeiten. Danach den Fuß arbeiten, dabei das Hebemaschenmuster in der Streifenfolge A fortsetzen. Dann die Bandspitze nach Tabelle glatt rechts in der Streifenfolge A stricken. Die restlichen Maschen mit dem Faden zusammenziehen.

Zweite Socke

Ebenso arbeiten.

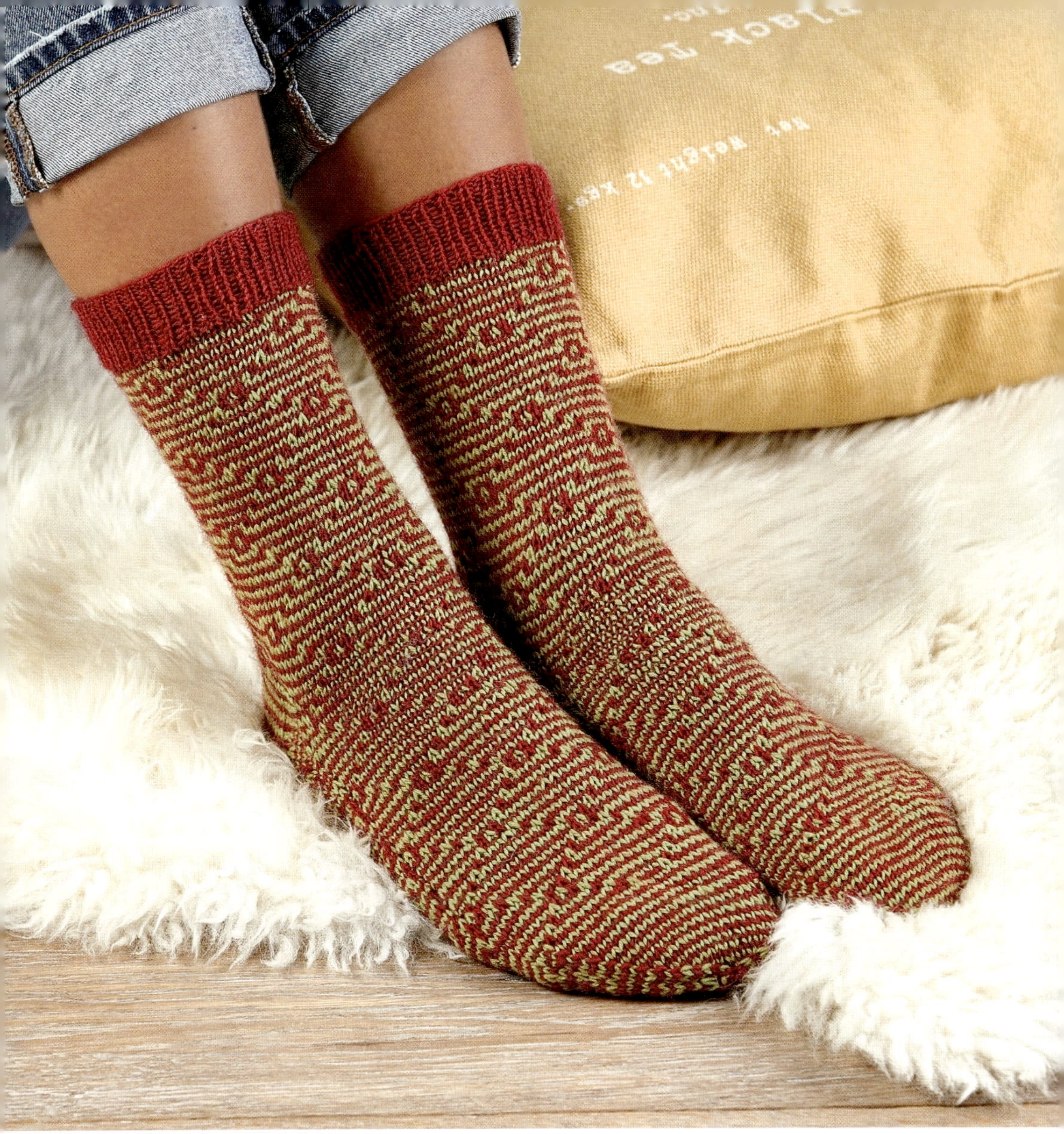

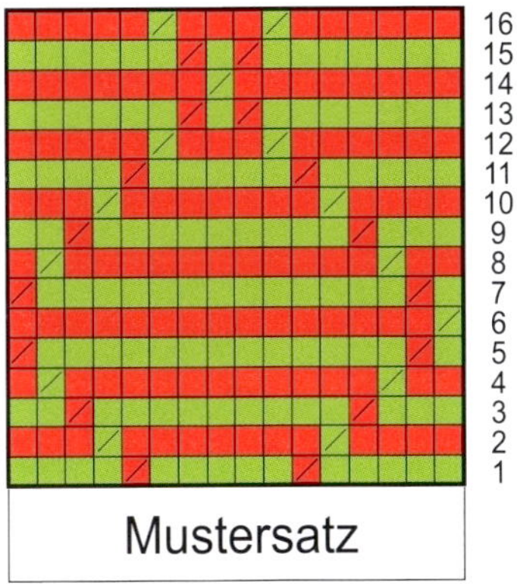

Strickschrift

Zeichenerklärung

☐ = 1 Masche rechts

☒ = 1 Masche wie zum Linksstricken abheben (Faden hinter der Arbeit)

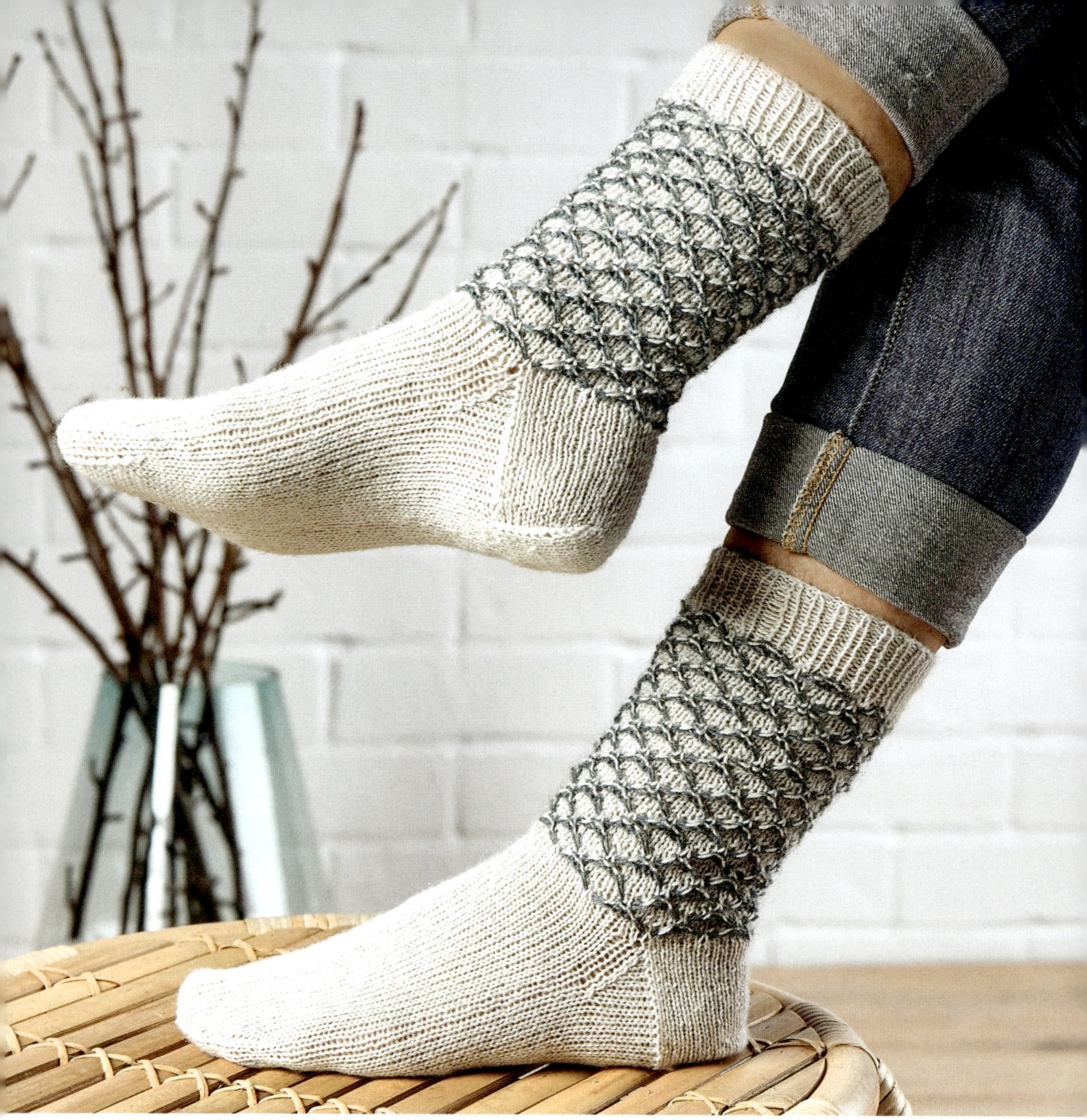

Strickschrift

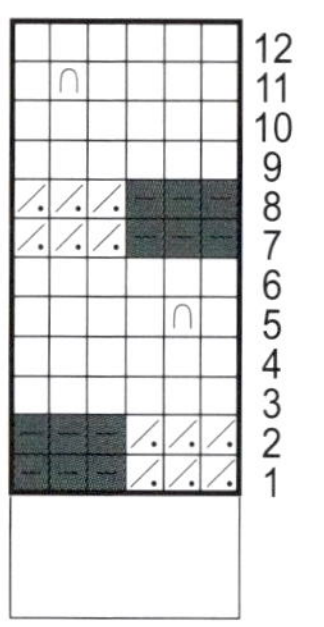

Mustersatz

Zeichenerklärung

☐ = 1 Masche rechts

⊟ = 1 Masche links

⧄ = 1 Masche wie zum Linksstricken abheben (Faden vor der Arbeit)

⋂ = die beiden 3 und 4 Runden tiefer liegenden Spannfäden auf die linke Nadel legen und mit der folgenden Masche rechts zusammenstricken

WELLENLINIEN

Socken mit Strukturmuster ✶ ✶ ☆

Größe

38/39; nach Tabelle auch in Größe 24/25, 26/27, 36/37 und 44/45 möglich.

Material

- Lang Yarns Jawoll (75 % Schurwolle, 25 % Polyamid, Lauflänge 210 m/50 g): 100 g Crème (Farbe 0226) und 50 g Grüngrau (Farbe 0020)
- Nadelspiel 2,5 – 3,0 mm

Rippenmuster: 1 Masche rechts, 1 Masche links im Wechsel stricken.

Hebemaschenmuster: Maschenzahl teilbar durch 6. Nach der Strickschrift arbeiten. Den Mustersatz stets wiederholen. Die 1. – 12. Runde stets wiederholen.

Glatt rechts: Hinreihen rechts und Rückreihen links stricken; in Runden immer rechts stricken.

Streifenfolge: * 2 Runden Grüngrau, 4 Runden Crème, ab * stets wiederholen. Beim Farbwechsel die Fäden miteinander verkreuzen, damit keine Löcher entstehen.

Maschenproben: Glatt rechts 30 Maschen und 42 Reihen/Runden = 10 x 10 cm
Hebemaschenmuster 30 Maschen und 62 Runden = 10 x 10 cm

So wird's gemacht

Erste Socke

60 Maschen in Crème anschlagen, die Maschen gleichmäßig auf die 4 Nadeln verteilen – 15 Maschen pro Nadel – und für den Bund 4 cm = 17 Runden im Rippenmuster stricken. Dann im Hebemaschenmuster in der Streifenfolge weiterarbeiten. Nach 14,5 cm = 90 Runden ab Bund in Crème glatt rechts weiterarbeiten und die Ferse, den Fuß und die Bandspitze nach Tabelle stricken. Die restlichen Maschen mit dem Faden zusammenziehen.

Zweite Socke

Genauso stricken.

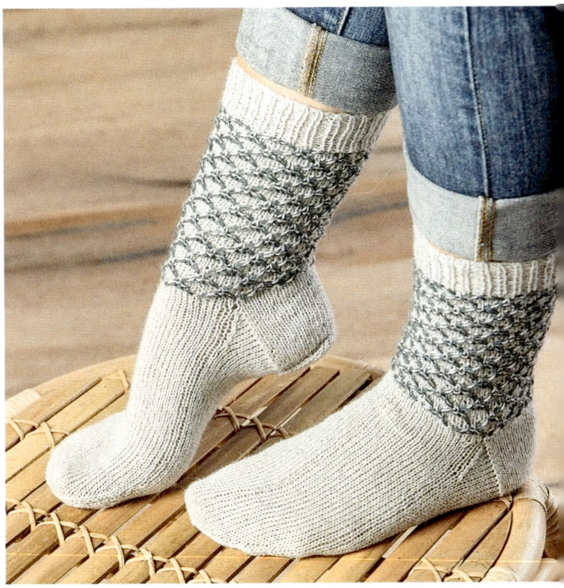

FLECHTMUSTER

Unifarbene Socken ✶✶☆

Größe

40/41; nach Tabelle auch in Größe 42/43 möglich.

Material

- ONline Linie 2 Supersocke Silk (55 % Schurwolle, 25 % Polyamid, 20 % Seide, Lauflänge 200 m/50 g): 100 g Hellgrau (Farbe 28)
- Nadelspiel 2,5 – 3,0 mm

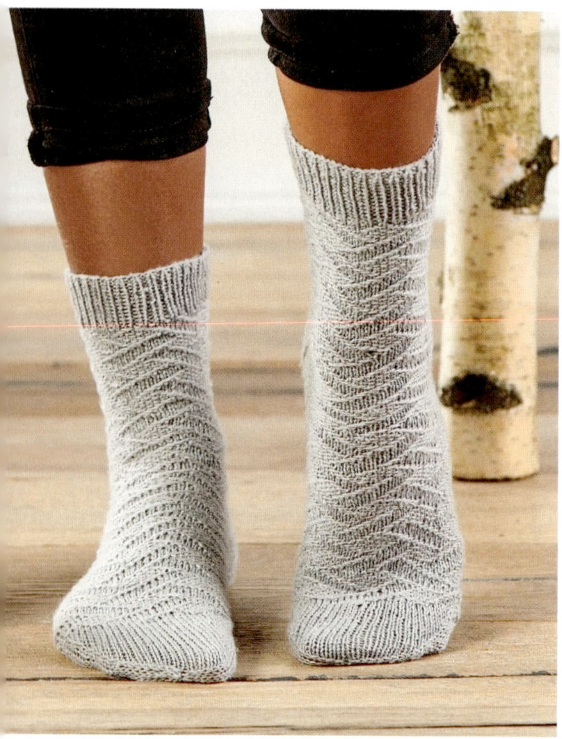

Rippenmuster: 1 Masche rechts, 1 Masche links im Wechsel stricken.

Hebemaschenmuster: Maschenzahl teilbar durch 16. Nach der Strickschrift arbeiten. Den Mustersatz von 16 Maschen stets wiederholen. Die 1. – 16. Runde stets wiederholen.

Glatt rechts: Hinreihen rechts und Rückreihen links stricken; in Runden immer rechts stricken.

Maschenproben: Glatt rechts 30 Maschen und 42 Reihen/Runden = 10 x 10 cm
Hebemaschenmuster 30 Maschen und 61,5 Runden = 10 x 10 cm

So wird's gemacht

Erste Socke

64 Maschen anschlagen, die Maschen gleichmäßig auf die 4 Nadeln verteilen – 16 Maschen pro Nadel – und für den Bund 4 cm = 14 Runden im Rippenmuster stricken. Dann im Hebemaschenmuster weiterarbeiten. Nach 13 cm = 80 Runden ab Bund die Ferse glatt rechts nach Tabelle stricken. Dann den Fuß stricken, dabei das Hebemaschenmuster fortsetzen. Dann die Bandspitze nach Tabelle glatt rechts stricken. Die restlichen Maschen mit dem Faden zusammenziehen.

Zweite Socke

Genauso stricken.

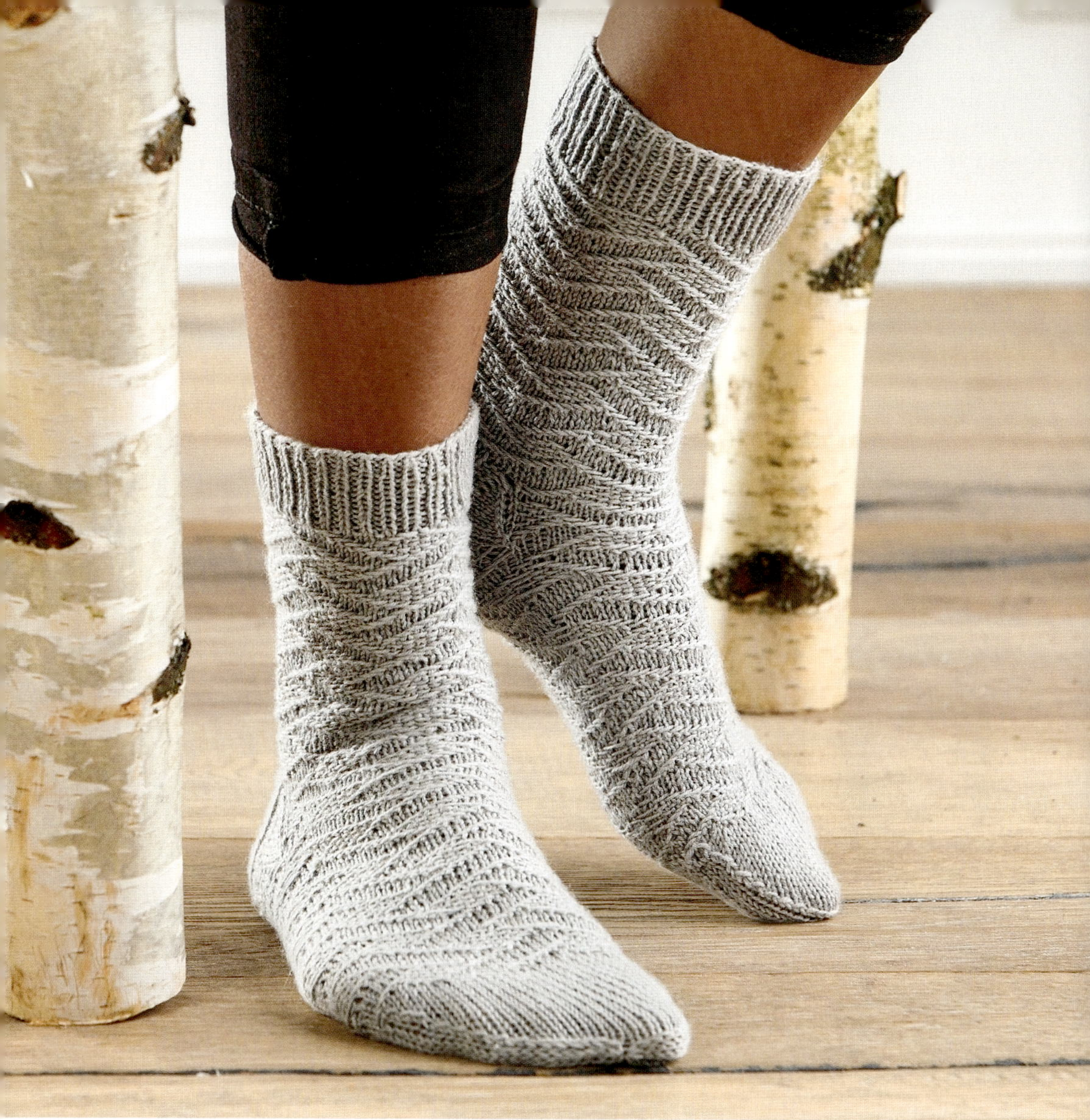

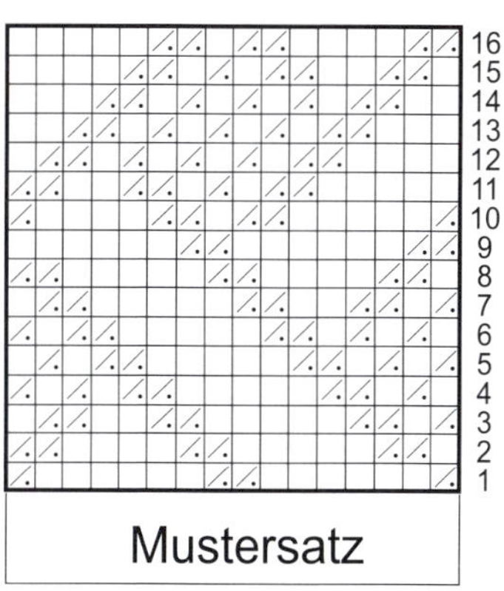

Strickschrift

Zeichenerklärung

□ = 1 Masche rechts

⧄ = 1 Masche wie zum Linksstricken abheben (Faden vor der Arbeit)

SONNENKAREE

Socken mit plastischem Rautenmuster ✶✶✶

Größe

34/35; nach Tabelle auch in Größe 32/33 möglich.

Material

- Buttinette Woll Butt Söckli (75 % Schurwolle, 25 % Polyamid, Lauflänge 210 m/50 g): 100 g Mandarine (Farbe 25349)
- Nadelspiel 2,5 – 3,0 mm

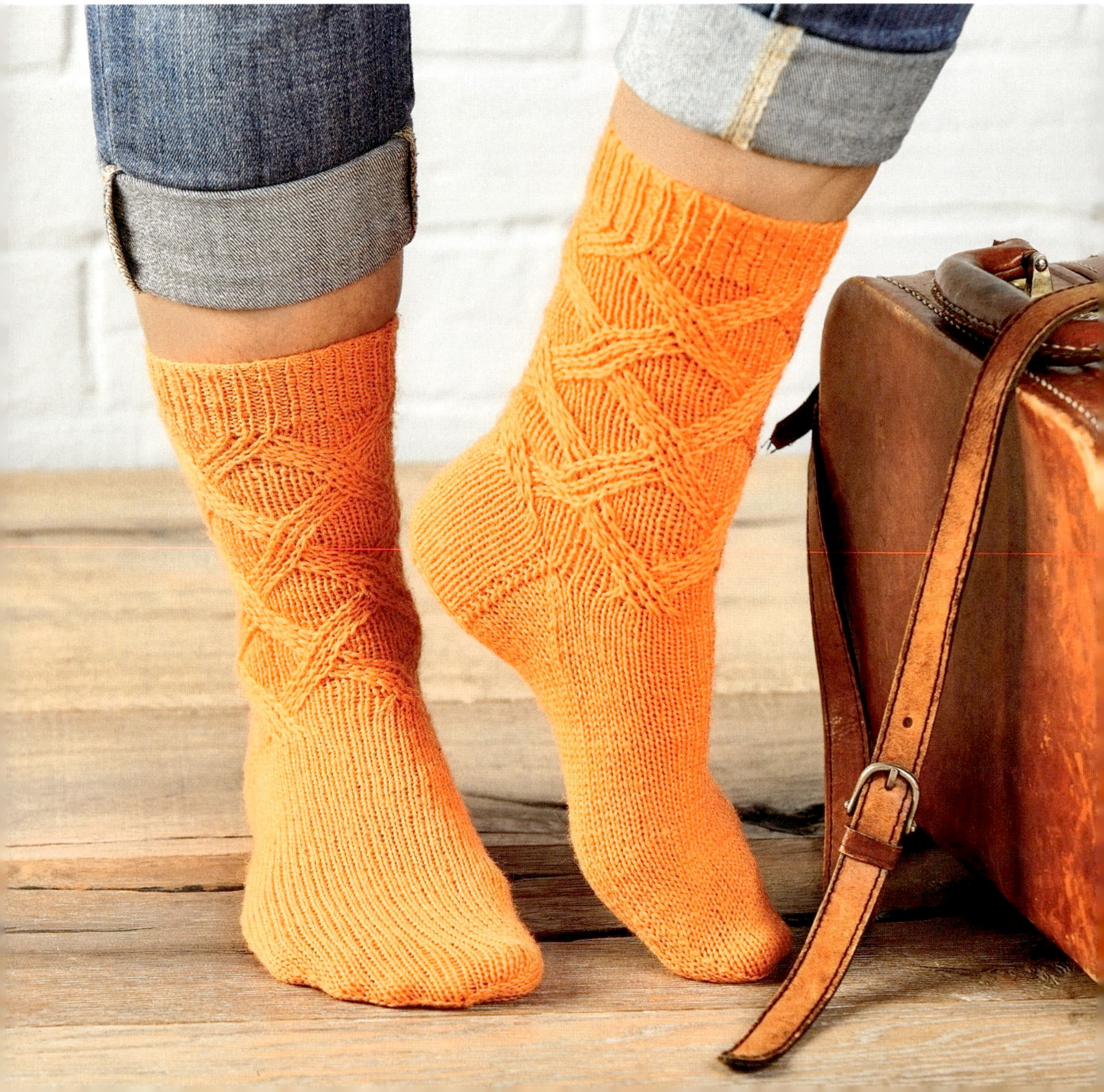

Rippenmuster: 1 Masche rechts, 1 Masche links im Wechsel stricken.

Hebemaschenmuster: Maschenzahl teilbar durch 14. Nach der Strickschrift arbeiten. Den Mustersatz stets wiederholen. Die 1. – 28. Runde stets wiederholen. Durch den versetzten Mustersatz entweder die 1. Masche ungestrickt abheben oder die letzte Masche der Vor-Runde bereits zum folgenden Mustersatz dazunehmen.

Glatt rechts: Hinreihen rechts und Rückreihen links stricken; in Runden immer rechts stricken.

Maschenprobe. Glatt rechts 30 Maschen und 42 Reihen/Runden = 10 x 10 cm
Hebemaschenmuster 30 Maschen und 45 Runden = 10 x 10 cm

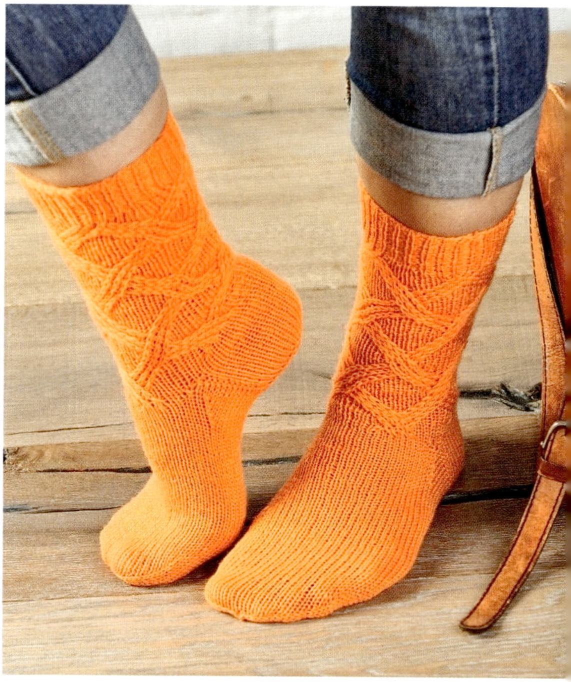

So wird's gemacht

Erste Socke

56 Maschen anschlagen, die Maschen gleichmäßig auf die 4 Nadeln verteilen – 14 Maschen pro Nadel – und für den Bund 4 cm = 18 Runden im Rippenmuster stricken. Dann im Hebemaschenmuster weiterarbeiten. Nach 16 cm = 72 Runden ab Bund glatt rechts weiterarbeiten und die Ferse, den Fuß und die Bandspitze nach Tabelle stricken. Die restlichen Maschen mit dem Faden zusammenziehen.

Zweite Socke

Genauso stricken.

Zeichenerklärung

□ = 1 Masche rechts

[Symbol] = 1 Masche auf eine Hilfsnadel vor die Arbeit legen, 1 Masche rechts stricken, dann die Masche der Hilfsnadel wie zum Linksstricken abheben (Faden hinter der Arbeit)

[Symbol] = 1 Masche auf eine Hilfsnadel hinter die Arbeit legen, 1 Masche wie zum Linksstricken abheben (Faden hinter der Arbeit), dann die Masche der Hilfsnadel rechts stricken

Strickschrift

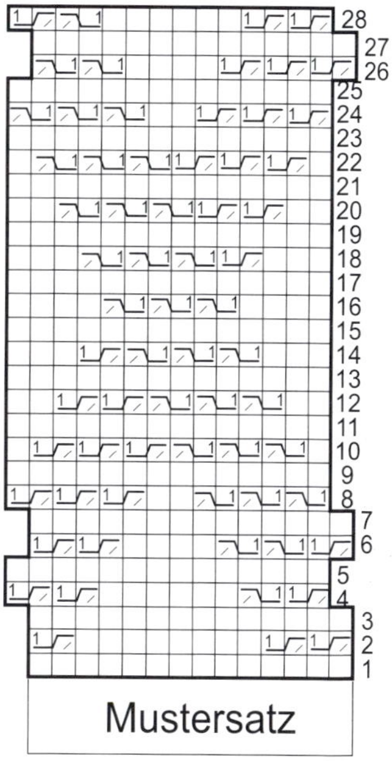

ERDTÖNE

Socken mit Web-Hebemaschenmuster ✶ ✶ ☆

Größe

38/39; nach Tabelle auch in Größe 24/25, 26/27, 36/37 und 46/47 möglich.

Material

- Lang Yarns Jawoll (75 % Schurwolle, 25 % Polyamid, Lauflänge 210 m/50 g): 100 g Dunkelbraun (Farbe 0067) und je 50 g Senf (Farbe 0150) und Rost (Farbe 0275)
- Nadelspiel 2,5 – 3,0 mm

Rippenmuster: 1 Masche rechts 1 Masche links im Wechsel stricken.

Hebemaschenmuster: Maschenzahl teilbar durch 12. Nach der Strickschrift arbeiten. Den Mustersatz stets wiederholen. Die 1. – 12. Runde stets wiederholen.

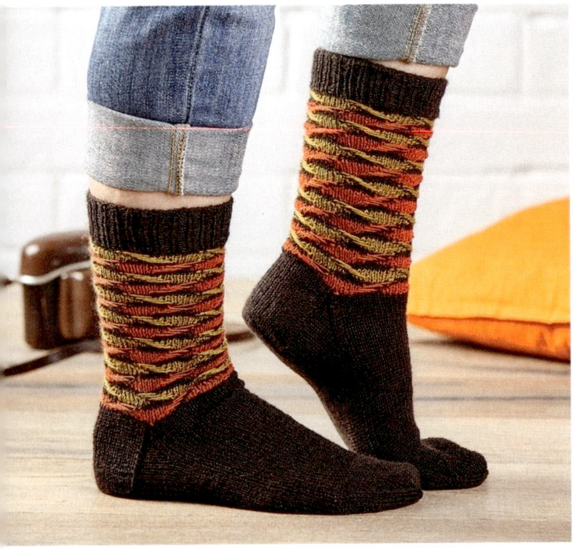

Glatt rechts: Hinreihen rechts und Rückreihen links stricken; in Runden immer rechts stricken.

Streifenfolge: * 2 Runden Dunkelbraun, 4 Runden Senf, 2 Runden Dunkelbraun, 4 Runden Rost, ab * stets wiederholen. Beim Farbwechsel die Fäden miteinander verkreuzen, damit keine Löcher entstehen.

Maschenproben: Glatt rechts 30 Maschen und 42 Reihen/Runden = 10 x 10 cm

Hebemaschenmuster 30 Maschen und 57,5 Runden = 10 x 10 cm

So wird's gemacht

Erste Socke

60 Maschen in Dunkelbraun anschlagen, die Maschen gleichmäßig auf die 4 Nadeln verteilen – 15 Maschen pro Nadel – und 4 cm = 18 Runden im Rippenmuster stricken. Dann im Hebemaschenmuster in der Streifenfolge weiterarbeiten. Nach 15 cm = 86 Runden ab Bund glatt rechts in Dunkelbraun weiterarbeiten und die Ferse, den Fuß und die Bandspitze nach Tabelle stricken. Die restlichen Maschen mit dem Faden zusammenziehen.

Zweite Socke

Genauso stricken.

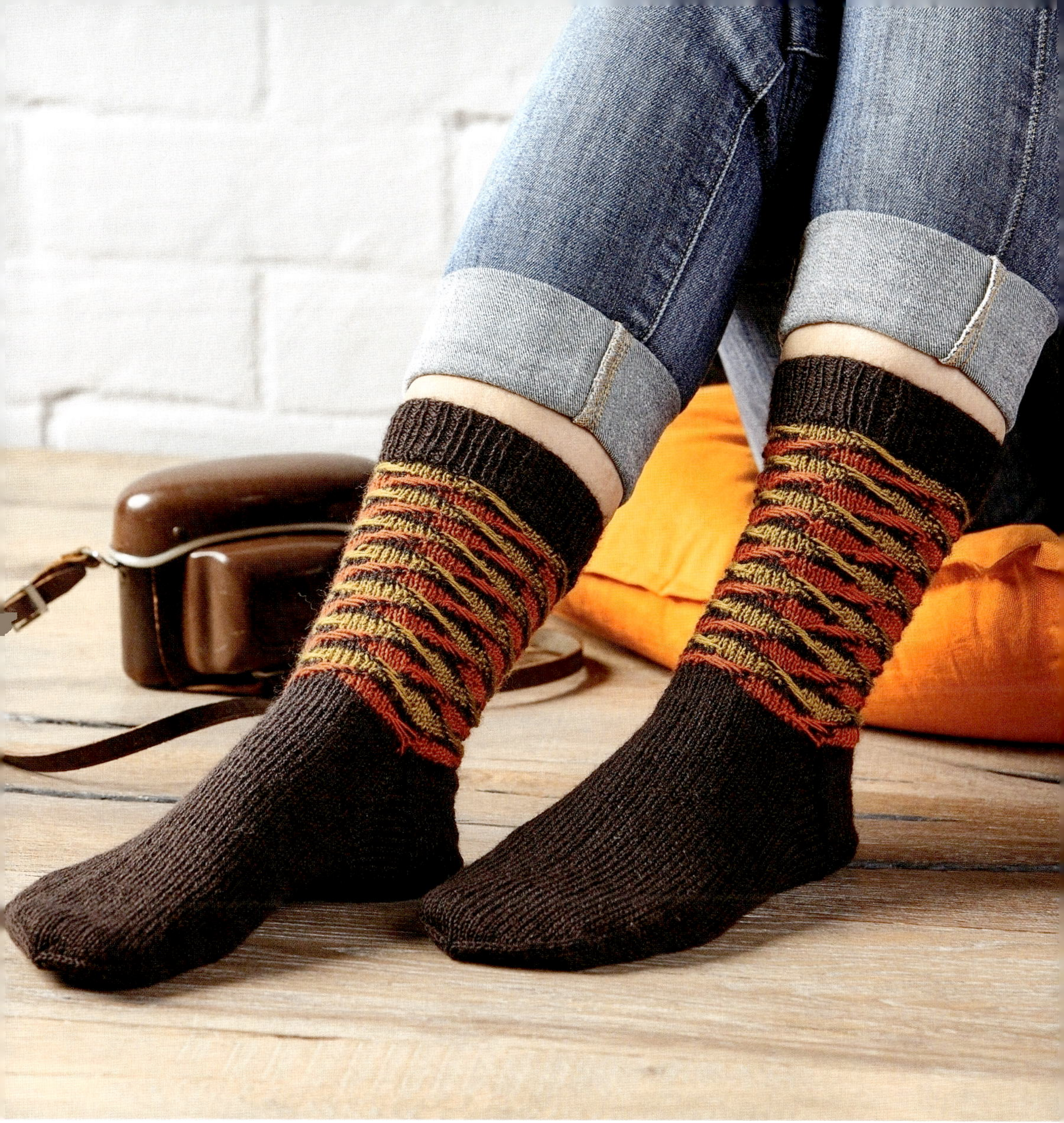

Strickschrift

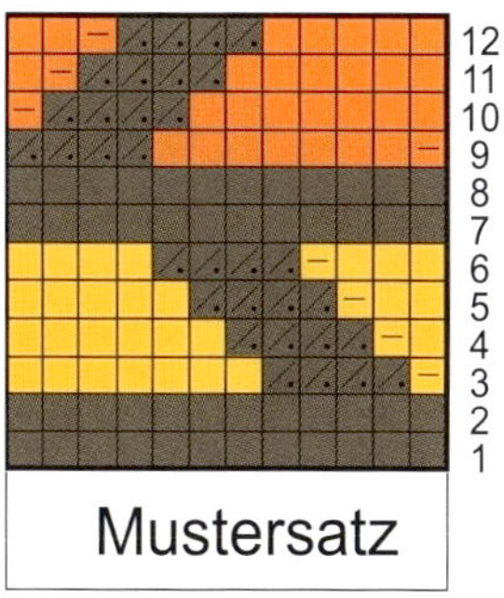

Zeichenerklärung

- = 1 Masche rechts
- = 1 Masche links
- = 1 Masche wie zum Linksstricken abheben (Faden vor der Arbeit)

GRÖSSENTABELLE

FÜR SOCKEN MIT KÄPPCHENFERSE

Maschenprobe mit Nadeln Nr. 2 – 3 glatt rechts: 30 Maschen und 42 Reihen/Runden = 10 x 10 cm

Größe	22/23	24/25	26/27	28/29	30/31	32/33	34/35
Anschlag / Maschen je Nadel	44/11	48/12	48/12	52/13	52/13	56/14	56/14
Maschen für Ferse	22	24	24	26	26	28	28
Fersenhöhe in Reihen	20	22	22	24	24	26	26
Käppchen, Aufteilen der Maschen	7/8/7	8/8/8	8/8/8	8/10/8	8/10/8	9/10/9	9/10/9
Beidseitige Maschenaufnahme	11	12	12	13	13	14	14
Fußlänge bis Spitzenbeginn (cm)	11,5	12,5	14	14	15,5	17	18
Abnahmen für die Bandspitze nach der 1. Abnahmerunde							
in der 4. Runde	---	---	---	---	---	---	---
in jeder 3. Runde	1x	1x	1x	2x	2x	2x	2x
in jeder 2. Runde	3x	3x	3x	3x	3x	3x	3x
in jeder Runde	4x	5x	5x	5x	5x	6x	6x
Gesamt-Fußlänge (cm)	14,5	15,5	17	18	19,5	21	22

Größe	36/37	38/39	40/41	42/43	44/45	46/47
Anschlag / Maschen je Nadel	60/15	60/15	64/16	64/16	68/17	72/18
Maschen für Ferse	30	30	32	32	34	36
Fersenhöhe in Reihen	28	28	30	30	32	34
Käppchen, Aufteilen der Maschen	10/10/10	10/10/10	10/12/10	10/12/10	11/12/11	12/12/12
Beidseitige Maschenaufnahme	15	15	16	16	17	18
Fußlänge bis Spitzenbeginn (cm)	18,5	20	21	22	22,5	24
Abnahmen für die Bandspitze nach der 1. Abnahmerunde						
in der 4. Runde	1x	1x	1x	1x	1x	1x
in jeder 3. Runde	2x	2x	2x	2x	2x	2x
in jeder 2. Runde	3x	3x	3x	3x	4x	4x
in jeder Runde	6x	6x	7x	7x	7x	8x
Gesamt-Fußlänge (cm)	23,5	25	26,5	27,5	28,5	30

IMPRESSUM

Autorin: Babette Ulmer
Fotografie: Florian Bilger Fotodesign
Strickschriften: Babette Ulmer
Realisation: Maria Böhly, Sabine Damerau,
Anna Maier, Birgit Schwer
Redaktion und Produktmanagement: Theresa Peter
Lektorat: Maria Böhly
Layout: Silke Schüler
Umschlaggestaltung: Max Bartschat
Repro: LUDWIG:media, Zell am See
Herstellung: Julia Hegele
Printed in Poland by CGS Printing

★★★★★

Sind Sie mit diesem Titel zufrieden?
Dann würden wir uns über Ihre Weiterempfehlung freuen.
Erzählen Sie es im Freundeskreis, berichten Sie Ihrem Buchhändler oder bewerten Sie bei Onlinekauf. Und wenn Sie Kritik, Korrekturen, Aktualisierungen haben, freuen wir uns über Ihre Nachricht an:

Christophorus Verlag,
Postfach 40 02 09, D-80702 München
oder per E-Mail an lektorat@verlagshaus.de

Herstellerverzeichnis

- Buttinette Textilversandhaus GmbH
  www.buttinette.de
- Junghans Wollversand GmbH & Co. KG
  www.junghanswolle.de
- LANG & CO. AG
  www.langyarns.com
- Online KLAUS KOCH GmbH
  www.online.garne.de

Die Deutsche Nationalbibliothek verzeichnet diese Publikation in der Deutschen Nationalbibliografie; detaillierte bibliografische Daten sind im Internet über http://dnb.d-nb.de abrufbar.

2. Auflage

ISBN 978-3-8410-6571-1

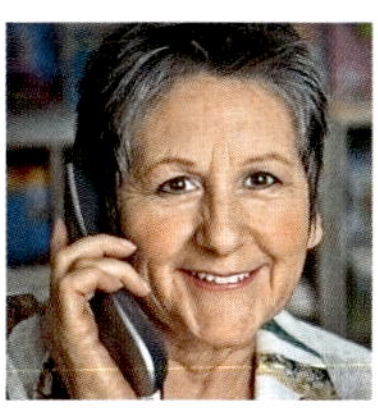

Kreativ-Service

Sie haben Fragen zu den Büchern und Materialien? Frau Erika Noll ist für Sie da und berät Sie rund um alle Kreativthemen. Rufen Sie an! Wir interessieren uns auch für Ihre eigenen Ideen und Anregungen. Sie erreichen Frau Noll per E-Mail: **mail@kreativ-service.info** oder Tel.: **+49 (0) 5052 / 91 18 58**

Besuchen Sie uns im Internet: **www.christophorus-verlag.de**

GRUNDANLEITUNG SOCKENSTRICKEN

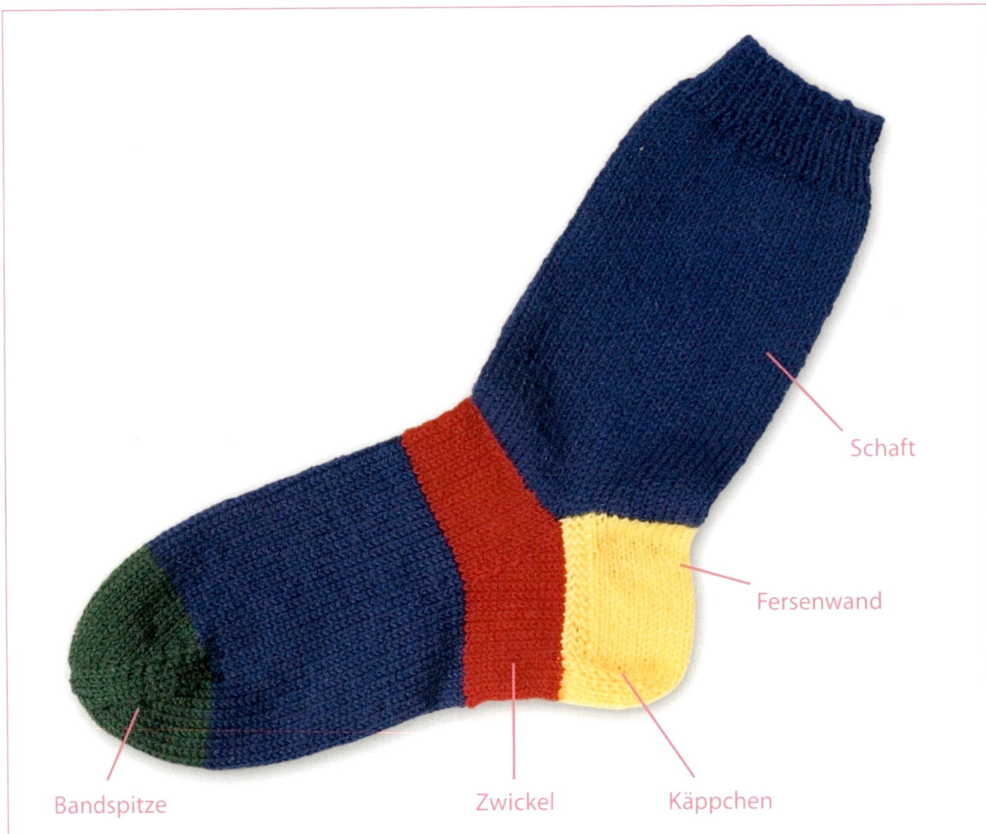

Socken werden immer nach dem gleichen Prinzip gestrickt. Die Angaben für die Maschenzahl, Fersenbreite und -höhe, Fußlänge und Rundenanzahl der Spitze der jeweiligen Größe der Tabelle entnehmen.